家の買い方、持ち方が変わる!

残価設定型住宅ローン

青山学院大学教授
大垣尚司
Hisashi Ohgaki

Mortgage
with
Residual Value Guarantee

日本経済新聞出版

はじめに

⑴ 革命が必要な住宅ローン

日本では、普通の個人が何千万円もの住宅ローンを長期にわたって、超低利で借りることができます。皆さんはこのことをあたり前と思っているかもしれませんが、実は、先進国のなかでも、これほど恵まれた住宅金融が提供されている国はありません。ただし、超低利なのは、日本銀行の金融緩和政策が続いているからで、金融機関が商品を工夫したからではありません。また、住宅とその敷地に抵当権という担保権を設定した融資契約（金銭消費貸借契約）だという住宅ローンの基本的な構造は、昭和30年代から何も変わっていません。

振り返ってみると、１９８０年代以降、金融自由化が急速に進展して金利が市場で変動する時代になり、銀行等が安定的に固定金利の住宅ローンを提供することが難しくなったために、証券化と呼ばれる新しい金融技術を使って住宅ローンの貸出原資を資本市場で調達する仕組みが生まれました。公的住宅ローンを担う独立行政法人住宅金融支援機構の住宅ローンは、この仕組みを使って提供されています。ただ、これも貸す側の問題に応えるものにすぎず、住宅ローン自体に変化はなかったのです。

しかし、住宅ローンを借りる個人の状況はこの間大きく変化しています。

厚生労働省が発表している生命表によれば、１９９５年から２０２０年までの25年間に日本人の平均寿命は約5年延び、０歳の赤ん坊が90歳まで生き延びる確率は男が12・８％から28・１％に、女が31・１％から52・６％に増えました。一方、大企業でも、終身雇用がもはや過去のものとなり、年金財政の悪化から今の年金制度を維持できなくなっていることは、周知の事実です。ただ、ネット社会になって、物理的なオフィスに通うことなく仕事ができるようにもなっています。会社に働き続けることが難しくなっているのに、生活のために高齢になっても働き続けないといけない。これからは、早めに企業人生に見切りをつけて、都会に比べてコストのかからない地方で細く長く働く選択をする人も増えるはずです。

こうしてみると、子育て期にファミリー住宅を買って、引退後は悠々自適で同じ家に「終《つい》の住処《すみか》」として住み続けるという、これまでの住生活に現実感が失われてきています。一方で、住宅ローンの期間は35年ですから、子どもが出ていって、退職期を迎えてからも10年程度は返済が続きます。こちらのほうは残念ながら厳しい現実として私たちの将来に立ちはだかります。

日本人の人生のあり方が大きく変化しているなか、住宅ローンもそれに合わせて大きく変わる必要があるのではないでしょうか。

(2) 残価設定型住宅ローンが始まった

２０２１年に国の住宅政策の基本方針を示した住生活基本計画が見直され、「ライフスタイルに合わせた柔軟な住み替えを可能とする既存住宅流通の活性化」のために、新たに、「健全なリースバックの普及、リバースモーゲージや残価設定ローン等の多様な金融手法の活用を進め、住宅の資産価値の合理化・明確化を推進」することとされました。

このうち、リースバックやリバースモーゲージについては、すでに商品化がなされていて普及が進んでいます。しかし、「残価設定ローン」だけは、そもそもどんなものかについてすらまだ定説がない状態で、海外にも同種の商品はありません。

実は、筆者は、これに先立つ15年ほど前から、「残価設定型住宅ローン」の開発を始め、2022年にようやく商用化にこぎつけました。

このローンがどんなものかは本書全体のテーマですが、大雑把にいえば、これまでの住宅ローンに、**①残価設定月以降、ローンの返済額を大幅に圧縮できるオプション**と、**②残価設定月以降、家を手放しさえすれば非営利機関にローンの残高と同じ金額で買い取ってもらえるオプション**を付け加えたものです。残価設定月は物件ごとに査定をしますが、取得額の9割を借り入れで賄う場合、大体、借りてから20～25年目になります。

まだ緒に就いたばかりで、対象となる住宅も大手メーカー施工の長寿命住宅に限定されていますが、この仕組みが一般に普及すれば、先の見通せない難しい時代にあって、**35年続く住宅ローンの将来の返済不安が解消できる**とともに、**所有・賃貸の両方の利点を兼ね備えた、新しい住宅の持ち方**が可能となり、ひいては、高額となりがちな地球環境問題の解決に資する長寿命で高性能の住宅を、それが**必要な期間だけ所有**したり、**住まなくなったあとに確実に資金化**したりすることができるようになります。

⑶ この本の内容

本書は、残価保証と残価設定型住宅ローンについて、これから家を買おうと考えておられる一般の読者や、この仕組みを仕事に活用しようと考える住宅事業者、金融機関、フィナンシャルプランナー等のために、できるだけ分かりやすく解説したものです。

今のところ、他に事例がないため、筆者の開発したものが中心にならざるをえませんが、それ以外にもさまざまなバリエーションが考えられます。このため、これから開発に取り組まれる方の参考となるよう、できる限り詳しく住宅の残価保証の仕組みやリスク管理のポイントを説明しました。

また、商品開発の背後にある社会構造の変化や、残価保証・残価設定型住宅ローンを活用した住宅事業者・金融機関のビジネスモデル、これを広く一般の住宅に適用するために考えられる国の施策についても言及しました。

具体的には、まず第1章で、住宅ローンが単なる借金ではなく、国民が無理なく家を買えるようにするための社会インフラであることを説明します。

第2章では、すでに普及している自動車の残価設定型ローン（残クレ）と比較しながら、残価設定型住宅ローンとはどんなものかを、説明します。

第3章では、残価設定型住宅ローン開発の背景となった、国民の住生活に関する新しいニーズについて説明します。

第4章では、残価設定型住宅ローンの商品性についてより詳しく説明し、リバースモーゲージやセール・リースバックといった他の仕組みとの違いに言及しました。

第5章では、少し難しくなりますが、なぜ、将来の住宅の価格を保証できるのかについて説明します。

第6章では、残価設定型住宅ローンの具体的な利用例をパターン別に整理してみました。

第7章では、残価設定型住宅ローンの登場によって、住宅事業者や金融機関のビジネスモデルにどんな変化が起こるかを説明します。

⑷これから住宅ローンを借りる方へ

この本を手に取られて、住宅ローンを借りるのに、こんなに難しいことを勉強しないといけないのかとゲンナリされる方もおられると思います。そういう方でも、第1～3章と第6章はぜひ読んでみてください。

住宅ローンを借りて家を買うことはまったく間違っていないし、日本では広いファミリー住宅は持ち家形態でしか提供されていないのだから、それが必然でもあるということ。しかし、そうであればこそ、それがもたらす問題を借りる前によく理解して、万が一の場合に備える必要があること。そして、残価設定型住宅ローンがその懸念の解消をめざしてつくられたものであることを、ご理解いただけると思います。

残念ながら、現時点では、残価設定型住宅ローンはどんな家でも借りられるわけではありません。この本を読んで筆者の取り組みに共感を持つ方が増えることで、より幅広く利用可能な仕組みに展開させることができればと思っています。

＊＊＊

筆者は、１９８０年代から、証券化やストラクチャードファイナンスと呼ばれる先端金融技術の専門家として実務と大学で研究・開発を続けてきました。当初は、企業や金融機関向けの「空中戦」的な金融スキームの開発が中心だったのですが、50歳を超えた頃から、残価設定型住宅ローンを含む個人向けの仕組みの開発に注力するようになりました。

その背景には、２０１０年に出版した拙著『金融と法』（有斐閣）で述べた、「**いかなる経済活動も最終的にはその構成員である『生活者としての個人』の幸福達成が目標である。金融も最終的には、わが国あるいは世界に住むひとりひとりの『生活者としての個人』のために存在している。いかなる高度な金融技術もこの目標を離れたところでは意味を持たない**」という筆者なりの思いがあります。

デリバディブ、証券化といった高度な金融技術を駆使する企業向けファイナンスに比べて住宅金融は一見平易にみえます。しかし、実は残価設定型住宅ローンは、これまで私が開発した仕組みのなかで最も複雑で難しいものでした。

もし、この本を読まれた若い方のなかに、「住宅ローンという一見平易な金融商品をつくるのに、こんなにいろいろなことを考え、こんなに複雑な仕掛けを用意せねばならない」ということを面白く感じて、「生活者としての個人」のための金融技術を極めてみたいと思う方が現れれば、筆者としてそれにまさる喜びはありません。

日本の住宅金融は転機に立たされています。本書で紹介する仕組みをたたき台として、今後、さまざまな新しい仕組みが登場し、健全な競争を通じて、経済・社会の大きな変化に直面しているわが国において、新しい時代に即した住宅金融の選択肢が広がるとよいなと思います。

なお、本書の記述において意見にかかる部分は筆者個人の見解であり、ＪＴＩ（一般社団法人移住・住みかえ支援機構）をはじめ筆者が所属するいかなる団体の意見を代表するものでもありません。

編集者の堀口祐介氏とはかれこれ四半世紀の付き合いになります。今回も、癖が強く独善に陥りがちな筆者をうまく制御して刊行まで導いてくださいました。

本書をここまで15年間ＪＴＩの活動を支えてくださったすべての皆さんに捧げます。

『家の買い方、持ち方が変わる！　残価設定型住宅ローン』目次

第2章　残価設定型住宅ローンって何ですか？

第4章 残価設定型住宅ローンについてより詳しく教えてください

第5章 何年も先の住宅の価格を保証できるのはなぜですか？

第6章 残価設定型住宅ローンの利用例

column 目次

図表目次

第1章

住宅ローンは借金ではない？

住宅ローンを漠然と借金だと思っている人は少なくないと思います。しかし、実際には、住宅ローンには単なる借金とはいえないさまざまな効用があります。そこで、残価設定型住宅ローンの話をする前に、そもそも住宅ローンというものがわれわれの人生に非常に重要な役割を果たしている社会インフラであり、だからこそ、私たちの人生のあり方が大きな変化に直面している今、それに対応できる新しい住宅ローンを開発することが急務であるということを説明したいと思います。

1　消費者ローンと住宅ローンの違い

⑴ブランド品を借金して買ってよいか？

皆さんがものを買おうと思ったとき、お金を貯めて（貯金して）買うほうがいいか、それとも、欲しいものがあれば消費者ローンを組んで先に買ってしまうか。どちらがいいと思いますか。

たとえば、30万円するブランドのバッグを消費者ローンで借りて買ったとします。買ったバッグは基本的に何もキャッシュを生み出しませんから、翌月からの返済は給料からすることになります。つまり、給料の前借りと同じです。

ただし、貯金をして買う場合でも給料の中から貯めるわけなので、その間は収入が減ります。このため、基本的には、先にお金を借りて買って後から返すのと、お金を貯めてから買うのとでは、金利分しか差はありません。消費者ローンの高い金利は、お金を貯めてから買わずに今すぐ手に入れるためのコストということになります。

ただし、ぜいたく品を我慢できずにお金を借りて買う人は、全部返し切る前にまた別のものが欲しくなって借り入れを増やしてしまうことになりがちです。そうなると、返済負担が増えてどんどん生活が圧迫されます（図表1）。そして、最後は借りたお金を返すために、別のところ

図表1｜30万円のブランドバッグを買う

			1	2	3	4	5	6	
給料			30	30	30	30	30	30	
貯めて買う	貯金		-5.0	-5.0	-5.0	-5.0	-5.0	-5.0	
			5.0	10.0	15.0	20.0	25.0	30.0	-30
	正味給料		25.0	25.0	25.0	25.0	25.0	25.0	
借りて買う	返済		-5.2	-5.2	-5.2	-5.2	-5.2	-5.2	
		-30	-25.0	-20.0	-15.0	-10.0	-5.0	0.0	
	正味給料		24.8	24.8	24.8	24.8	24.8	24.8	
さらに買う	返済						-5.2	-5.2	
						-30	-25.0	-20.0	
	正味給料						19.6	19.6	

（通常は、より金利が高くて取り立ても厳しめのところ）から借り入れをするようになります。こうなると、借金という開いたワニの口がいつまで経っても塞がらず、ついには生活が破綻することになるわけです。

このように、買ったものがお金を生まないもの（これを消費財といいます）を買う場合、できれば、買えるだけのお金が貯まるまで待つほうがよいといえます。

(2) 家を借金して買ってよいか？

では、住宅も貯金して買ったほうがよいのでしょうか。

住宅ローンは、消費者ローンに比べると借りる金額が何千万円と半端な金額ではありません。そうだとすると、ますます貯金してから買ったほうがよいように思えます。

しかし、実は、住宅の場合は、先に借りて買わないと、むしろ貧乏になってしまうのです。

たとえば、月家賃が６・５万円の２ＤＫのアパートに住んでいる30代の夫婦が、子どもができたので、３ＬＤＫのマイホームを購入することを考えているとします。仮に家が３０００万円するとしましょう。そんなに借金するのは怖いので、貯金して貯めることにします。

ただ、若いうちは月に5万円貯金するのだって簡単ではありません。年に60万円しか貯まらないとすると、最近はほとんど利子も付きませんので、３０００万円貯めるには50年かかってしまいます。その倍の10万円ずつ貯めても25年かかります。家を建てられるようになる頃には子どもは独立しているだろうし、自分も退職している可能性が高いですから、もう家はいらないということにすらなりかねません。

さらに、厄介なのは、こうやって貯金をしている間も住む家は必要だということです。ここがブランドバッグとの最大の違いです（もちろん、カバンも必要でしょうけど、別に６５０円の買い物バッグでも機能は同じです）。家がなければ借りるしかありませんが、借家住まいだと、家賃がかかります。10万円貯金したうえに、家賃まで払ったら生活費が残りません。

では、今すぐ住宅ローンを借りたらどうでしょう。３０００万円を期間35年、借入金利１・５％で借りたとしますと、月の返済額は約９・２万円です。しかし、一方で、家が手に入りましたから、もはや家賃の支払いは不要となります。これまでどおり２ＤＫのアパートにいたら家賃はもう少し安かったかもしれませんが、買った新築の３ＬＤＫと同じような借家を借りたら、9万円ではすまないのではないでしょうか。

住宅ローンの金利は非常に低く、さらに標準的な返済期間も35年と大変長いのに対し、アパート建築のために大家さんが借りる不動産担保ローンは、住宅ローンより金利が高めで借入期間も短いことから、同じ額を借りれば、前者より後者のほうが返済額が大きくなります。家賃は、さらに、これに大家さんの利益を乗せて決めるわけですから、どうしても高めとなります。

こうして、アパートを借りて家賃を支払っていた人が、家を買って住宅ローンを返すようになっても、月の支出に大きな差が生じないことが多いのです。そうだとすれば、少なくとも借家に住みながら将来家を買うために貯金をするよりは、住宅ローンを借りて家を買うほうが出費が少なくてすむわけです。

(3) 住宅ローンは家の代金を家賃に変換する役割を果たす

消費者ローンと住宅ローンの違いはどこから来るのでしょう。

それは、家が、ブランドバッグと違って、取得した時点以降、長期間にわたって家に住む便益を享受できる「耐久消費財」だということによります。家の代金は、家から将来にわたって得られる便益の「固まり」だといってもよいかもしれません。

消費者ローンは今月の消費に必要なお金を借りているだけなのに対して、住宅ローンは、翌月以降の長期間の消費分の「固まり」である住宅の代金を借りて、これを売主に一括で支払う

図表2｜住宅ローンは家の代金を家賃に変換する役割を果たす

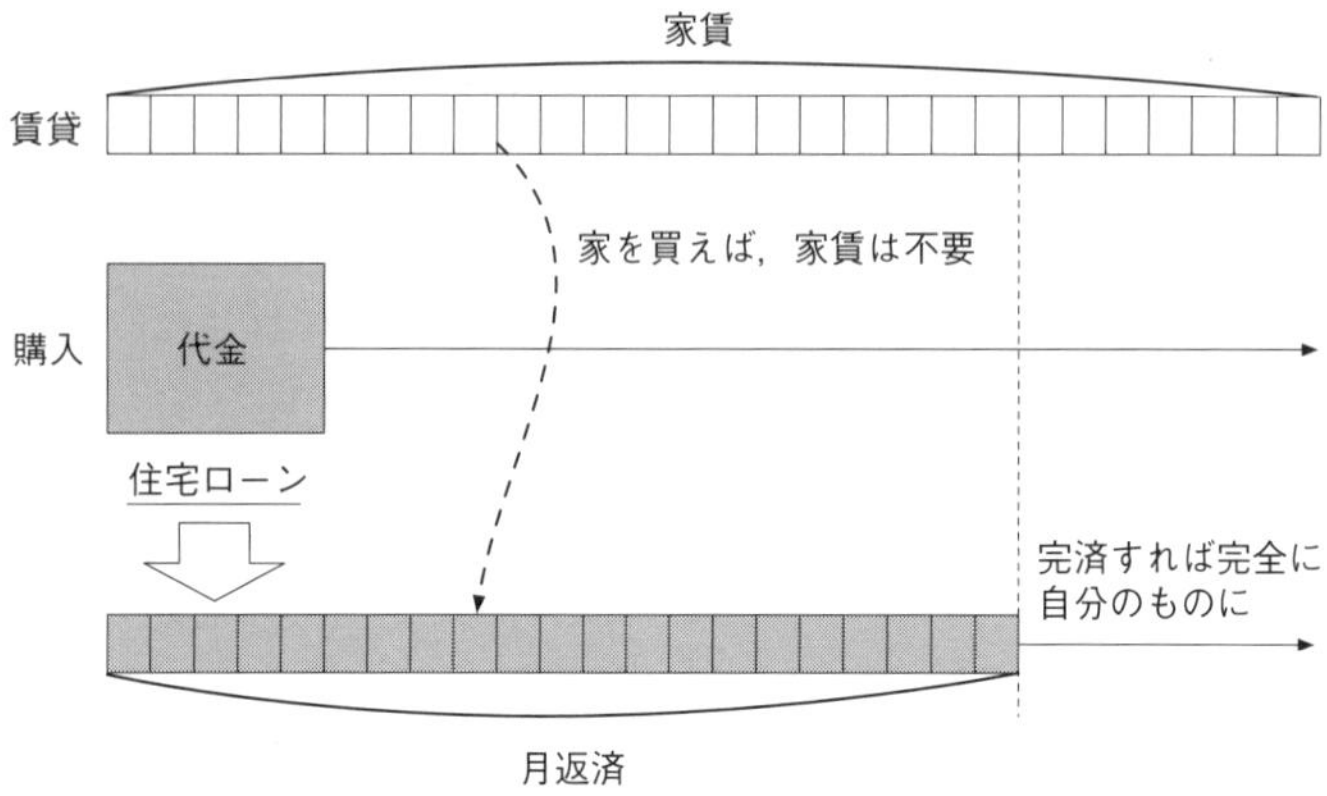

一方で、買った家に住むというかたちでこれを「消費」する月ごとの支出に分割する「変換機」の役割を果たしてくれるわけです（図表2）。

逆にいえば、もし、住宅ローンというものがなければ、家の代金を一括で支払えないほとんどの庶民は借家住まいを強いられることになってしまいます。私は以前、ミャンマーで日本の住宅金融公庫（当時）にあたる政府系金融機関の特別顧問をさせていただいことがあるのですが、この国には長期ローンを貸すだけの金融資本の蓄積がなく、政府の機関ですら日本からのＯＤＡ（政府開発援助）なしに住宅ローンを貸すことができませんでした。

私たちには、「あって当然」の住宅ローンですが、これを安く、安定的に供給できる仕組みを確保することは、決して容易ではなく、それ自体が国民の福利厚生を確保するための社会インフラなのです。

(4) それなら賃貸でも同じでは?

このように、ブランドバッグと異なり、住宅を、住宅ローンを借りて買うことには、高い合理性があります。もっといえば、住宅ローンが借りられる人は、一生借家住まいをするよりは、ローンを借りて家を買ったほうが、生涯収支が改善します。

ただし、住宅ローンを借りて家を買うのと、賃貸とはまったく同じではなく、それぞれにメリット・デメリットがあります。

▲家からの自由 賃貸最大のメリットは、住生活の自由度です。賃貸の場合、いつでも出て行きさえすればそれで終わりです。これに対し、住宅ローンを借りて家を買ってしまうと、基本的にはその家に住み続けることになりがちだし、35年といった長期間にわたってその家のために返済を続けることになります。

もちろん、住み替えたければ売ればよいわけですが、中古住宅の価格は、新築よりはかなり下がってしまいますので、ローンをある程度返済してからでないと、売却代金だけではローンを完済することができません。

このように、ローンを借りて家を買うと、事実上その家に長期間縛りつけられることになりがちです。もとより「終の住処」を買うつもりならそれで構わないわけですが、人生100年時代、一カ所に住み続ける人生がむしろ稀になるなかでは「家からの自由」を確保したいというニーズは高まっています。戸建て住宅より中古価格が目減りしにくいマンションが好まれるのもそうした理由といえるでしょう。

第2章以降で説明するように、残価設定型住宅ローンは家からの自由を確保するための工夫になっています。

○老後の居住保障　一方、ローンを借りて家を買えば、完済後は完全に自分のものになります。もちろん、35年の間に相応に傷みますから、修繕は必要となるものの、家賃を払う必要のない終の住処を確保することができます。また、土地は老朽化しませんから、子どもに相続財産として残せます。この点については、次節でもう少し詳しく検討したいと思います。

○所有権の効用　ローンが残っているうちは、家を買ったといっても実質的には賃貸と同じように思えます。しかし、賃貸の場合、ネットワーク工事のために壁に穴を開けることとすら、大家の承諾が必要です。これに対して、持ち家なら、担保価値を毀損するようなものでない限り、修繕・リフォームをしたりすることは自由です。

▲所有に伴うリスク　一方、大地震や洪水で家が被災した場合、賃貸なら大家が「住まわせる義務」を履行できなくなりますので、その時点で賃貸借契約が終了するだけですが、所有の場合、家に住めなくなる一方で、ローンは「被災」しませんので、返済をし続けなければなりません。いわゆる、「二重債務問題」です。

この点は、家を所有すると避けられないリスクといえます。現在の残価設定型住宅ローンもこの点には対応していません。本書の「あとがきに代えて」で述べるように、このリスクを解消する仕組みの開発が筆者の次の目標です。

○団信という魔法　逆に、住宅ローンを借りることでリスクが減る点もあります。借主の死亡リスクです。

金融機関は住宅ローンの借主全体を一つの団体と見立てて、そこに属している借主を被保険者とし、その付保額をローン残高に連動させた団体信用生命保険（団信）という特殊な保険に加入しています。金融機関が負担する保険料は、借主が支払う金利のなかに織り込まれています。この結果、借主が亡くなると金融機関は保険会社から保険金を受け取ってローンを完済するので、遺された家族はローンの返済から解放されます。

column 1　普通の生命保険と団信の違い

普通の生命保険は、死亡率の低い若いときから死亡率が高くなる高齢期まで同じ保険料を納め続けることで、最初の頃に死亡率に見合った保険料（自然保険料といいます）を超える部分の保険料を生命保険会社が預かって運用しておき（責任準備金といいます）、これを将来死亡率が高くなったときに不足する保険料に充てます。これに対して、皆さんが職場等で加入する団体保険は、死亡率の低い若い人から高齢者までさまざまな人を含む団体全体を平均した死亡率を基礎に保険料を計算します。期間は原則として1年で、団体の状況を踏まえて毎年保険料を見直していきます。団信もこの一種です。

団信の保険料はそれぞれの金融機関の借主の団体に関する死亡率と残高の状況等を反映して決まることになるわけですが、もともと住宅ローンの借主は死亡率が低い傾向があることや、年齢が高くなるにつれてローンの返済が進んで付保額が減っていくので、一般の生命保険よりも保険料が割安となることが多いという特徴があります。

これに対して、賃貸住宅の場合、借家人が死んだときに家賃を代わって払ってくれる専用の生命保険はありません。借家人は、住宅ローンのように大きな借金をしているわけではありませんが、働き手が亡くなっても、家賃は、団信つきのローンの返済のようになくなりませんので、結果的には、保険に入らずに借金が残った場合と同じ状態になります。

○新しくて広い　このように、賃貸と所有には一長一短があります。しかし、日本では、3LDK、4LDKといった家族用の戸建住宅に関する限り、住宅ローンを借りて買う人がほとんどです。実はその背景には、そうするしかないという事情があるのです。

日本の住宅市場は、賃貸市場と売買市場が完全に分離しています。賃貸市場は、土地を所有する地主が運用のために建築した集合住宅（いわゆるアパートや賃貸マンション）が主体です。1つの土地から建築する住宅の戸数はなるべく多いほうが全体の収益性が向上するため、1戸

図表3｜住宅の着工面積の比較

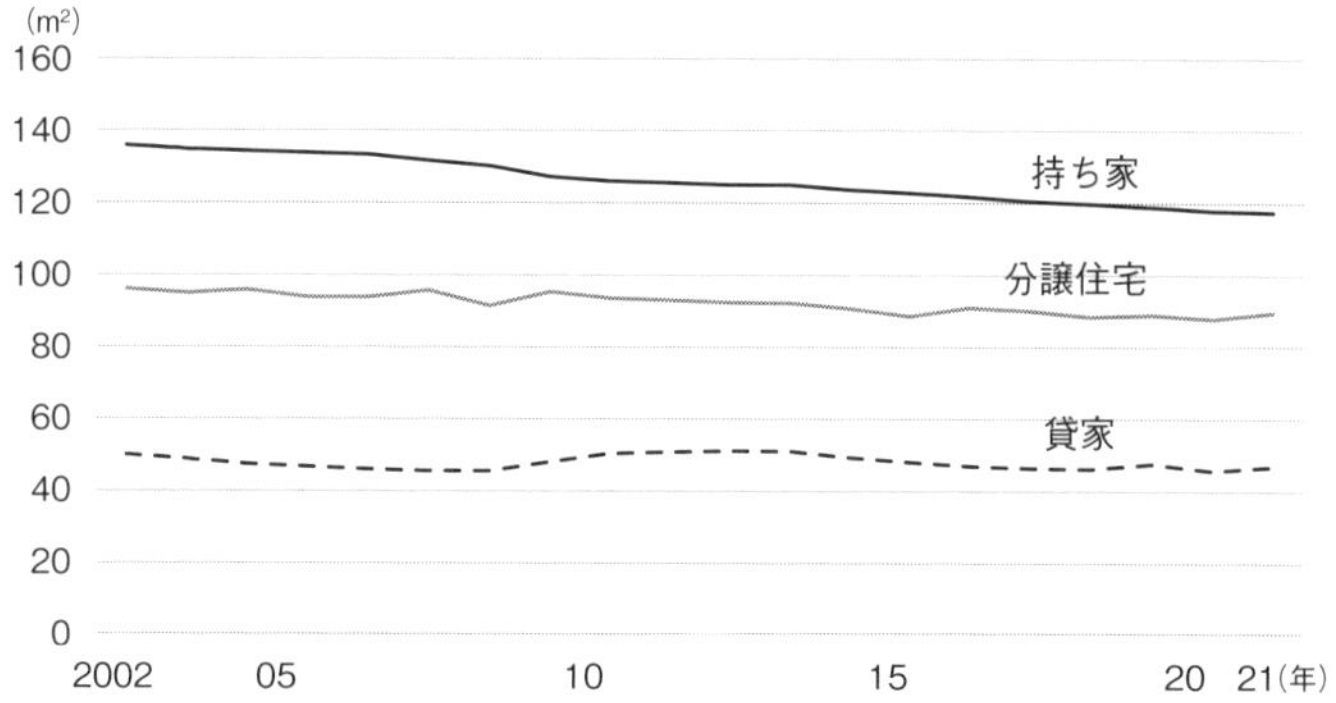

（出所）国土交通省「建築着工統計調査」(2021)

当たりの面積は狭くなりがちです。

建築着工統計をみると、過去30年間の賃貸住宅の平均延床面積は50㎡程度ですから、間取りでいうと、2DK程度が中心になります。

これに対して、持ち家の平均延床面積は110㎡を超えており、いわゆる3LDK、4LDKと呼ばれる家族住宅が中心であることが分かります（図表3）。

言い換えれば、**広めの住宅には買わないと住めない**というのが日本の市場なのです。

２　住宅ローンを借りて家を買うことは、庶民にとって最高の「投資」

住宅ローンの効用は、庶民に持ち家を可能にするだけではありません。住宅ローンを借りて家を買うということ自体が、庶民にとっては老後に向けた魅力的な「投資」になっています。

⑴バブル崩壊までは鉄壁の投資

今でこそ地価が右肩上がりで上昇するという地価神話を信じる人はいませんが、戦後からバブル崩壊までは、基本的に地価神話が実際にあったのです。もちろん、そういう時代は金利も非常に高く、優良企業でも10％近い金利を支払う必要があったのですが、住宅金融公庫（当時）の融資は５・５％で借りることができたため、そのこと自体が補助金になっていました。さらに、買った家に20年も住めば、地価が何倍にもなることも稀ではなかったのです。

本来、投資をするには原資が必要です。１０００万円の元手を投資して２０００万円になったら利回りは１００％ですが、８割を借り入れで賄うことができれば、２００万円の自己資金を投じて１０００万円の値上がり益－金利分が儲かったことになります。その利回りは５００％近くになります。通常の金融投資の比ではないことが分かると思います。

このように、バブル以前は、ローンを借りて家を買うことが、老後に向けた最も確実かつ利回りの高い投資だったのです。

(2) 地価上昇が見込めない今も低利なら十分魅力的な投資

バブル崩壊後は、土地神話はなくなりました。しかし、金利がどんどん下がっていきましたので、お金を借りて家を買えば、家を買わなければ支払うことになる家賃程度の支払いを35年続ければ、仮に家が老朽化したとしても、少なくとも土地が残ります。

バブル崩壊が一巡した現在、土地が大きく値上がりすることはないにしても、通勤・通学に適したエリアについては極端な値下がりもなさそうです。この結果、少額の自己資金と金利費用で、多くの場合それ以上の価値の土地が手に入るわけです。最近は取得費用の100％を借りられますので、金利費用だけで家や土地を手に入れることすら可能です。

column 2　マイホーム購入の投資採算

もう少し理屈っぽく考えてみましょう。前述のように、もし家を買わないとしてもどうせ支払わねばならない家賃程度の支出でローンが返せるのであれば、35年後に残る家と土地、特に老朽化ということがない土地は、自己資金だけで取得できることになります。より厳密にいえば、自己資金と金利を含めたローンの返済額から、家を買わなければ必要であった家賃を控除した金額を投資額として、35年後に残る家と土地の価値を投資成果と考えて利回りを計算すればよいことになります。この計算は多少複雑ですが、同じ家を借りていれば月返済額程度の家賃は必要だと考えてよいなら話は簡単になります。たとえば、自己資金３００万円と借入金で３０００万円の住宅を買って、そのうち6割が土地代だとして、35年後の家の価値はゼロだが、土地は値下がりしていないとすると、300万円×（1＋x）^{35}＝1800万円 となるxが、自己資金３００万円に対する投資利回り（年率）ということになります。これを計算すると、５・２５％となります。ちなみに、代金の１００％を借り入れで賄ってもなお、返済額が家賃程度ですむのであれば、計算上の利回りは無限大、つまり元手なしで土地が手に入るというおいしい話になります。一見胡散臭い話ですが、日本の住宅ローンの実情からすれば、そういうことも十分可能なわけです。

このように、少額の元手で不動産を手に入れられるという意味で、マイホーム購入は、依然として庶民にとって非常に「おいしい」投資なのです。

column 3　「マイホーム投資」の損益分岐点

最近は、買った家の土地が値下がりするリスクを心配される方も多いと思います。そこで、column 2と同様、家賃と月返済額は同水準という前提で、戸建住宅を買って最後に土地がどれだけ値下がりすると、全体の投資採算がちょうどゼロになるかという損益分岐点を考えてみましょう。損益分岐点における値下がり率をyとしますと、300万円×$(1+x)^{35}$＝1800万×（1－y）でx＝0となるyを求めるわけですから、83％という結果になります。つまり、この投資は、35年後に土地が8割程度値下がりしない限りは利回りがマイナスにならない、つまり損をすることがない投資ということになるわけです。

こうしたこともあって、定年を迎えた60歳以上世帯の資産内訳に占める自己居住住宅の割合は、47％と金融資産全体よりも大きな比重を占めています（図表4）。

政府が提唱する「貯蓄から投資へ」というスローガンは、金融投資にばかり焦点をあてています。しかし、実は、**日本人はそのずっと前から「住宅ローンを借りてマイホームを買う」ということを通じて、恐らく株式投資よりはよほど安全で利回りの高い投資を行ってきている**のです。

ここで注意すべきは、この投資効果は単に現金で家を買うことでは得られないということです。一般庶民が、必要な資金のほとんどを低利・超長期の借り入れで賄うことができるからこそ、今必要な住まいを獲得し、買わなくてもかかった家賃程度の返済をすれば、最後に家と土地が残るというオイシイ投資が可能となるのです。ここにも、住宅ローンが社会インフラであるということの理由があります。

図表4｜60歳以上世帯の総資産の状況

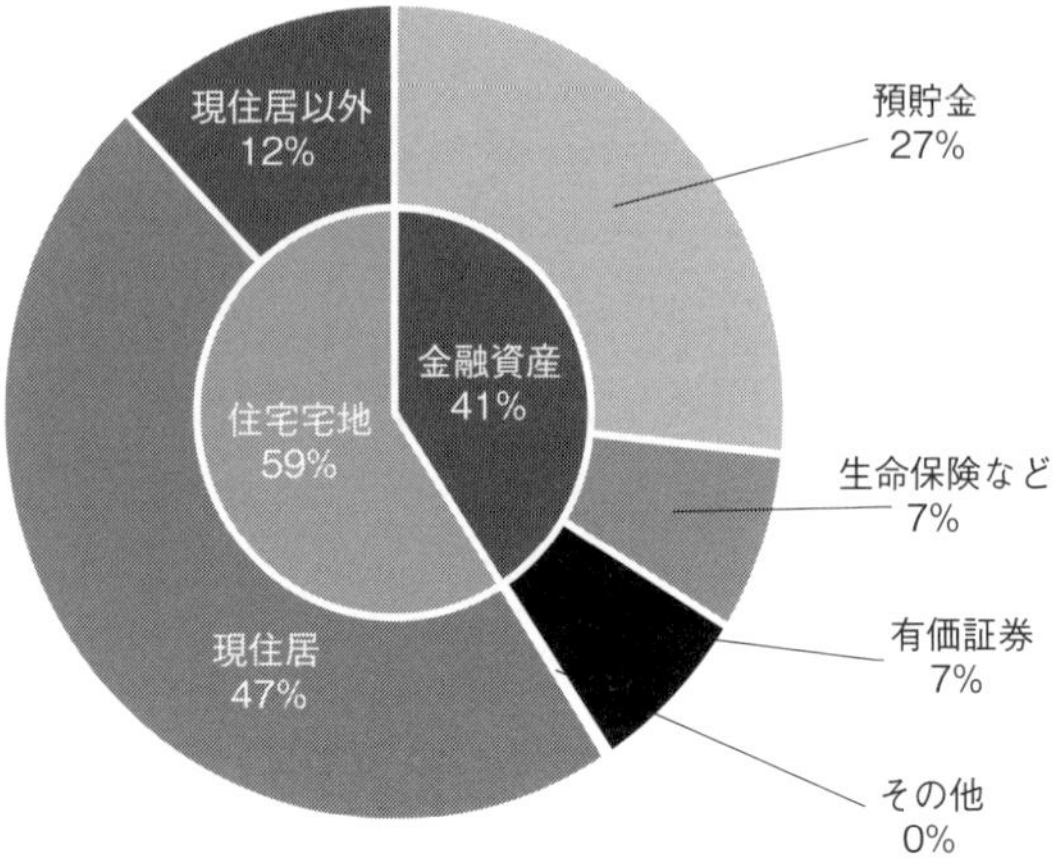

（出所）全国家計構造調査（2019）

3 オイシイ話にはリスクが伴う

このように、住宅ローンがあることで初めて、庶民は子育て期を過ごす広いマイホームを手に入れることができ、さらに、そのこと自体が庶民にとっては最高の投資になっています。ただし、35年という長きにわたる住宅ローンを返済するには、安定した収入があることが欠かせません。ところが、30代でローンを借りれば、返し切るまでに定年を迎えます。また、最近の経済環境では、勤め先が30年以上安泰だと言い切れる人はなかなかいないでしょう。さらに、人生１００年時代を迎えて、早めに老後を見据えて細く長く働ける仕事に切り替える人も増えると思います。

こうした、さまざまなライフチェンジに伴い収入が減ると、ローンの返済が重荷になります。特に、定年や役職定年（column 7）のように、ほぼ確実に到来する収入減少リスク（**定年リスク**）については、借り入れ時点で対応を考えておく必要があります。

column 4　定年リスクはこれから顕現化する

こういう話をすると、「でも、今までのところそういう問題は起きていないのではないか。多くの人は退職金で返済している」という人がいます。しかし、戸建住宅に関する限りローンの借入期間が35年になったのは、２００１年頃からなのです（column8）。図表５は、２００１年以降に35年住宅ローンを借りた人の状況と、役職定年や定年が現実のものとなる、借りてから20年目を迎える人の推定数と残高をまとめたものです。これをみると、定年リスクはまさにこれから顕現化する問題であることが分かります。

図表5｜35年住宅ローンの借主の多くはまだ定年を迎えていない

35年住宅ローンの貸出状況と20年目の状況

（単位：億円）

貸出年	新規貸出額※１				20年目に達する年	20年目の想定※２	
	民間	住宅公庫・機構	合計	想定件数		残高	件数
2001	325,513	60,747	386,260	*1,545,040*	2020	79,166	*615,149*
2002	350,608	33,180	383,788	*1,535,152*	2021	78,659	*611,212*
2003	218,359	21,155	239,514	*958,056*	2022	49,090	*381,445*
2004	205,512	14,988	220,500	*882,000*	2023	45,193	*351,163*
2005	218,624	5,216	223,840	*895,360*	2024	45,877	*356,483*
2006	197,322	10,666	207,988	*831,952*	2025	42,628	*331,237*
2007	182,368	9,524	191,891	*767,566*	2026	39,329	*305,602*
2008	187,351	8,769	196,121	*784,483*	2027	40,196	*312,338*
2009	179,896	10,305	190,201	*760,803*	2028	38,983	*302,909*
2010	167,063	28,204	195,267	*781,069*	2029	40,021	*310,978*
2011	170,694	27,985	198,679	*794,715*	2030	40,720	*316,411*
2012	179,600	21,895	201,495	*805,982*	2031	41,298	*320,897*
2013	187,193	18,593	205,786	*823,143*	2032	42,177	*327,730*
2014	175,243	16,722	191,965	*767,860*	2033	39,344	*305,719*
2015	176,970	23,445	200,415	*801,661*	2034	41,076	*319,177*
2016	213,960	32,416	246,376	*985,503*	2035	50,496	*392,373*
2017	188,808	26,539	215,347	*861,388*	2036	44,137	*342,957*
2018	186,432	25,151	211,584	*846,335*	2037	43,365	*336,964*

（注）１　１件2500万円として計算
２　期間35年、金利２％、期限前弁済率年５％で計算
（出所）住宅金融支援機構

4 将来の返済不安を解消できないか？

以上まとめますと、住宅ローンというものは、日本の庶民が子どもと一緒に過ごす黄金の時代に、新しくて広い家を、それが必要な30代前後に手に入れ、どちらにしても払わねばならない家賃程度の返済を続けることによって、老後に無理なく家と土地を手に入れることができる非常に効率の良い投資を可能にする、社会インフラである。しかし、35年という借入期間を考えると、特に、人生１００年時代にあっては、ライフチェンジが生じる可能性が高い定年前後の時期以降の返済負担を軽減したり、その時点で家を売れば確実にローンを手仕舞いできるようにしたりすることにより、新しい人生に向かっていくうえで、ローンが妨げとならないようにする工夫を考える必要がある、ということになります。

結論を先取りすれば、残価設定型住宅ローンとは、これまでの住宅ローンそのものは変えることなく、そうした工夫を非常に低コストで付け加えることができるようにしたものなのです。

では、いよいよその説明に入っていくことにしましょう。

第2章

残価設定型住宅ローンって何ですか？

残価設定型住宅ローンといっても、まだ登場して間がないため、そもそもどういうものか分からないという人が大半かと思います。本章では、自動車の残価ローンを紹介したうえで、残価設定型住宅ローンとどう違うのかという観点から、残価設定型住宅ローンのイメージをつかんでもらいます。

1　自動車の残価ローン

⑴ 残クレ

皆さんは、自動車の残価ローンをご存じでしょうか。俗に「残クレ」と呼ばれているものです（図表6）。たとえば、トヨタ自動車の「残価設定プラン」の説明をみると、「車両本体価格の一部をあらかじめ残価として据置き、残りの金額を3年間で毎月計画的にお支払いいただくプランです。一般的なクレジットよりも月々のお支払い負担が軽くなります。また残価（返却時の車両価値）は保証されているため安心です」とあります（https://toyota.jp/request/payment/ 注記は省略）。契約満了時（クレジットの期限）には、①同じ販売店で新しい車に乗り換えるか、②車を返却するか、③クルマを残価で買い取る（一括精算または再クレジット）の3つのオプションのいずれかを選択することになります。

⑵ 残クレ普及の背景

残クレ、すなわち、自動車の残価ローンは、ここ10年程度で急速に普及しました。これにはいくつかの背景があります。

返済額が圧縮　まず、なによりも、残価分の元本は返済しないので、全額元本を返済する普通

図表6｜自動車残クレ

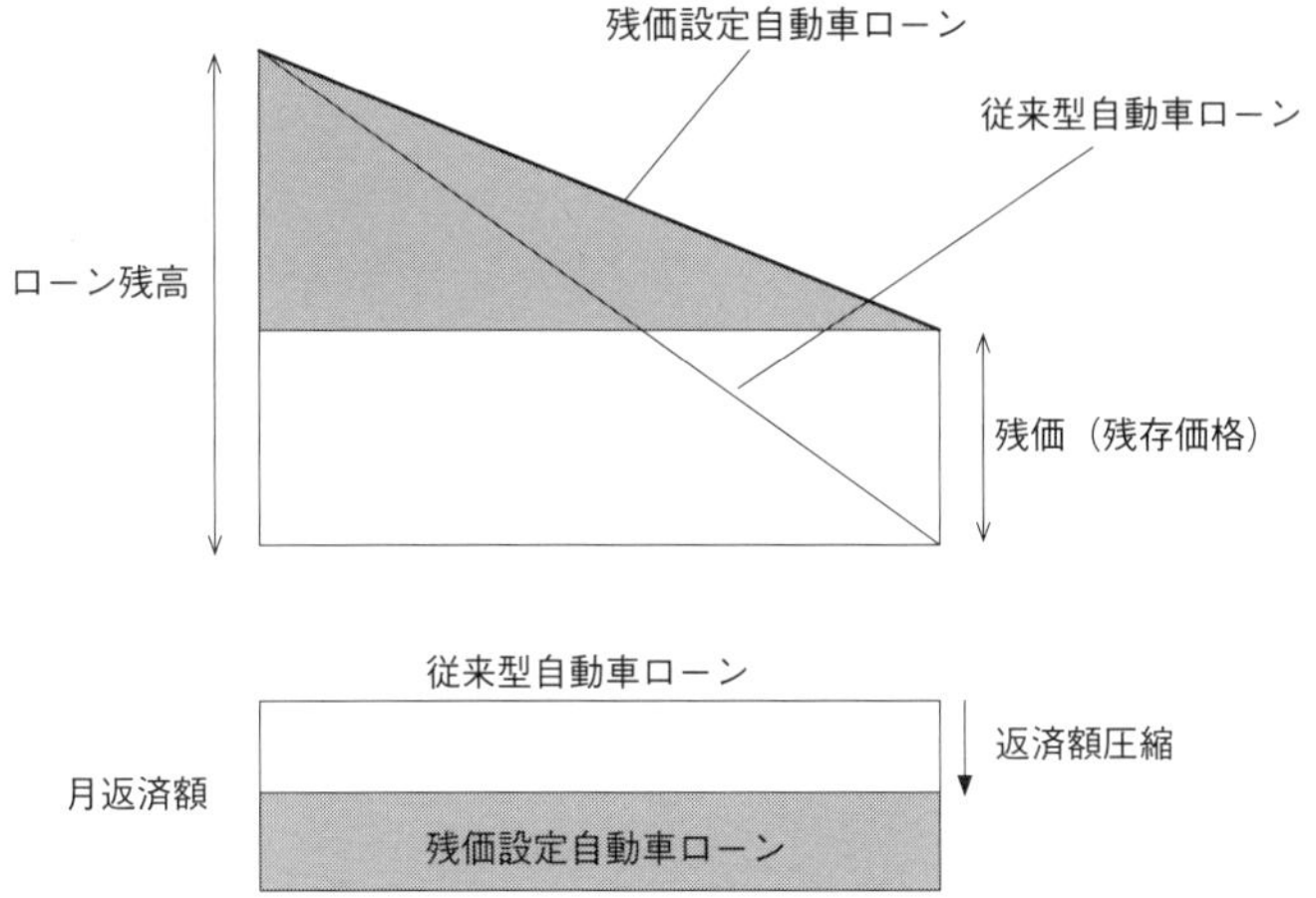

図表7｜残価設定により月返済額が圧縮される

購入価格	1,500,000
金利	2％
借入期間	3年

残価	月返済額（削減幅）		最終返済額
0％	42,964	*100%*	0
60%	18,686	*43%*	900,000

の自動車ローンより月返済額が少なくなります（図表7）。もちろん、期限には残価を返済せねばなりませんが、その時点で次の車に乗り換えるつもりなら、新たに残価ローンを組めばよいし、同じ車に乗り続けるなら、引き続きローンを最後まで返済すればよいわけです。

消費者の意識変化　次に、自動車を持つこと自体が一種のステータスであった時代が終わり、自動車を「ライフスタイルに合った移動手段」と位置づけて、独身、夫婦2人、ファミリー、老後の街乗り、というようにライフステージの変化に合わせて乗り換えるものと考える人が増えたことがあります。**所有から利用の時代になった**といってもよいでしょう。実は、米国で残価ローンにあたるものは、オートリースといって、新車をリース会社から借りる形態が主流です。まさに、法的にも「利用を買う」かたちになっているわけです。しかし、日本では、まだ借りることへの抵抗が強く、一応購入したうえで、実質的にリースと同じことになる残価ローンが普及しています。

企業側の都合①　もう一つは、企業の側からみたメリットです。

以前は、自動車ローンを使った営業促進といえば、自動車メーカーが子会社や関連会社である販売金融会社にリベート（販売促進費）を払ってローン金利を低くしてもらうといったかたちが一般的でした。しかし、3年といった比較的短いローンの月返済額に占める金利の割合はわずかで、ほとんどが元本返済のために、金利を下げても返済額はそんなに下がりません。これに対し、残価を設定すると、元本を残価までしか返済しないため、月返済額を大きく圧縮できるわけです（図表7）。

メーカーからすれば中古車価格が高めになる「資産価値の高い車」をつくれば、それだけ残価を高めに設定できますから、「良い車ほど月の返済が安い」ということになります。良い車なので月返済が少なくなると言えればマーケティング上、理想的です。値引きをすれば「値引きされる人気のない車」となってしまいますが、値引き分を残価に組み入れれば、「残価が高い車」という反対のイメージをアピールすることも可能になるわけです。

企業側の都合②　残クレには企業側からみて重要なメリットがもう一つあります。それは、顧客のつなぎ止め効果です。これまでは、自動車を買ったら現金だろうが、ローンだろうが、自分のものになるのだから、たとえば、定期点検や車検をディーラーに頼む必要はありませんでした。しかし、残クレを借りたら、期限まで自動車がちゃんと使われているか確認する必要がありますから、定期点検や車検をディーラーで行うことを義務づけることができます。また、期限には必ず、車を戻すのか、借り入れを延ばすのかといった判断をすることになりますから、その機会に、新しい車への乗り換えを勧めることができます。最近は車検の都度、車をグレードアップしていくといった発想の人は稀ですし、点検・車検も近くの安い業者に頼む人が少なくありません。顧客をつなぎ止めることが、自動車セールスの第一歩なのです。

2　残価設定型住宅ローンへの期待と課題

⑴ 残価設定型住宅ローンへの期待

このように、自動車ビジネスにおいては残価設定自動車ローン、いわゆる残クレが顧客と事業者のどちらにもメリットのある販売金融手法として大変重要な役割を果たすようになってきています。そこで、住宅ローンの世界にも残価設定型住宅ローンのようなものがあれば、顧客は、長寿化に伴い多様化が進むライフスタイルに合わせて柔軟な住み替えが可能となります。

一方、住宅事業者にとっては、人口減少で市場の縮小が予想されるなかで、自社施工の住宅を買い取って再生し「準新築住宅」として次の世代に販売すれば、新築住宅に特化した「点の営業」から、施工した住宅を世代間で循環させていく「帯の営業」に転換して収益機会を増大させることが可能となります。

政府にとっても、こうした動きが定着すれば、これまでとは異なる文脈で既存住宅流通の活性化が図れますし、事業者が買取再生による事業機会をにらんで長寿命住宅への取り組みを強化すれば、短期間で住宅を「潰してはつくる」ことで発生する大量の温暖化ガスを低減させることができます。まさに、「三方良し」の効果が期待できるわけです。

こうして、本書の冒頭で述べたように、2021年に行われた住生活基本計画の見直しの際に住宅金融の手法の多様化の一例として「残価設定ローン」が盛り込まれ、新聞等でも報道されたことから世間の注目を浴びることになりました。

(2) 自動車残クレとの違い

しかし、自動車残クレの仕組みを単純に住宅ローンにあてはめることは必ずしも簡単ではありません。

住宅は一生必要　まず、自動車残クレの住宅版を考えてみますと、通常の住宅ローンよりは短めのどこかの時点にローンの期日を設けて、その時点で住宅をローンの残高で引き取ってもらうか、そのまま返し続けて自分のものにするかを決めるというものになります。しかし、「衣食住」というように、住宅は生きていくうえでの必需品ですから、ローンの期限という人生の節目とは必ずしも一致しない特定の日に「出ていくか、そのままローンを返し続けるかを選びなさい」といわれても困ります。

自動車の残価は企業が保証　自動車は1台あたりの残価といっても数十万円から数百万円程度ですし、中古車市場は十分な厚みがあります。また、1件ごとに個性のある家と異なり、メーカー・型式と経年によって価格に相応の目安が存在します。何よりも「動かせる」ものですから、国内で売れなければ途上国等に輸出することも可能です。さらに、わが国には自社ブランドで乗り換えを進めるにあたりそれまでの車を相応の価格で下取る慣行があり、事業者からみ

図表8｜ディーラー等による残価保証

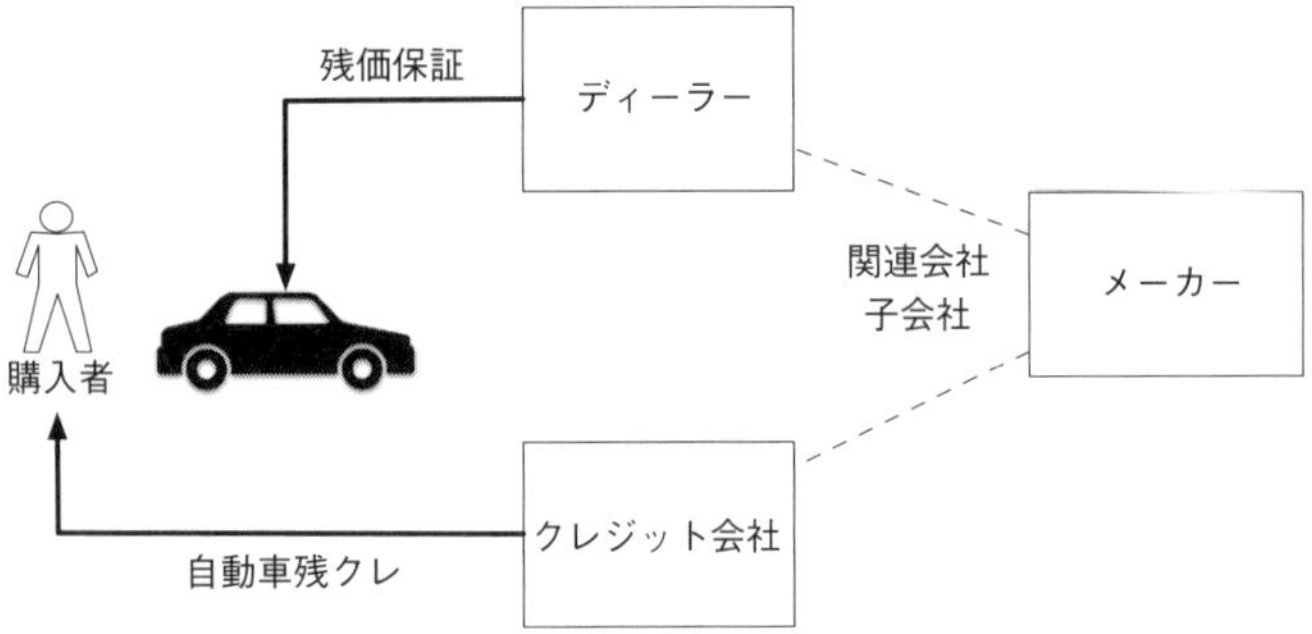

図表9｜住宅の残価保証は困難

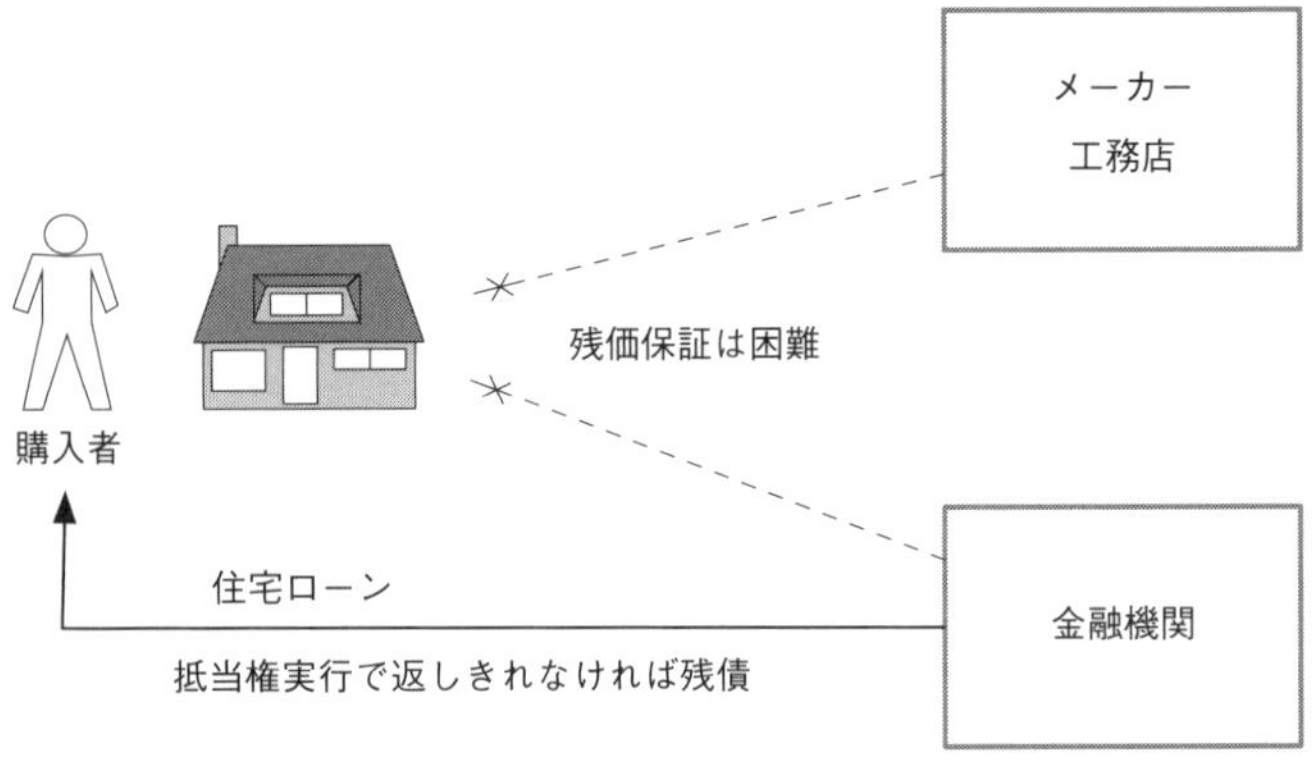

た場合に、自分が販売した車の残価保証を行うことに伴うリスクは必ずしも強く意識されません。実際、車の残価は、大手自動車メーカーやその系列の販売会社が自ら保証しています（図表8）。

家の残価保証を1企業が行うことは困難　これに対して、土地も含めた家の残価となりますと、1000万円を超えることも十分ありえます。さらに、自動車残クレの典型的な期間は3年ですが、住宅ローンの標準的な期間は35年です。第5章で改めて詳しく説明しますが、35年後の家の値段＝残価を予想することは至難の業であり、家を売った会社がその家の残価を保証することは、大手企業であっても困難なのです（図表9）。

ノンリコース型住宅ローンは普及せず　米国にはローンが返せなくなったときに、担保を売った代金で返しきれないなら残債務を返す義務を負わないノンリコース型の住宅ローンが普及しています。これは銀行が住宅ローンの残高に相当する残価を保証しているのと同じことになります。もし日本でもノンリコース型の住宅ローンが可能なら、住宅事業者が残価保証をする必要がなくなります。

しかし、日本の住宅ローンの場合、返せなくなったときに抵当権を実行して家を競売して得た代金でローンが完済できないときは、借主が引き続き残債務を返済する義務を負い続けることになっています。商業不動産貸し付けの世界ではノンリコースローンが普及していますが、ノンリコース住宅ローンは筆者の知る限り存在していません。また、後述するリバースモーゲージ（第4章10⑴）にはノンリコース型がありますが、金利がかなり高くなります。仮に、通常の住宅ローンにノンリコース型ができたとしても、金利が非常に高くなると思われます。

column 5

自社買取方式による残クレ型の住宅ローン

実は、日本にも、自社施工住宅の買取保証を行うことで自動車の残クレと似た住宅ローンを借りられるようにしているところがあります。ヘーベルハウスの名前でおなじみの旭化成ホームズです。これを活用して、新生銀行（現、SBI新生銀行）が、期限に残価を旭化成ホームズに買い取ってもらい、その代金で一括返済することで、自動車の残クレと同様、月の返済額を抑えた住宅ローン（新生パワーセレクト）を提供しています（図表10、https://www.asahi-kasei.co.jp/j-koho/press/20191107-02.pdf）。期限に買取保証を使わないときは、ローンの期間を団体信用生命保険が付保できる80歳まで伸ばして返済額を軽減するか、あらためて審査が必要となりますが、リバースモーゲージといって、その後は元本を返さずに金利だけ支払い、死亡時に全額を家と土地を売って返済する特殊な住宅ローンに借り換えることができると説明されています。しかし、旭化成ホームズのような超大手企業でも、残価を保証することができる地域は、地価が十分に高い東京と神奈川の一部地域に限定されているようです（執筆時点）。

図表10 ヘーベルハウス－新生銀行の残価設定型住宅ローン

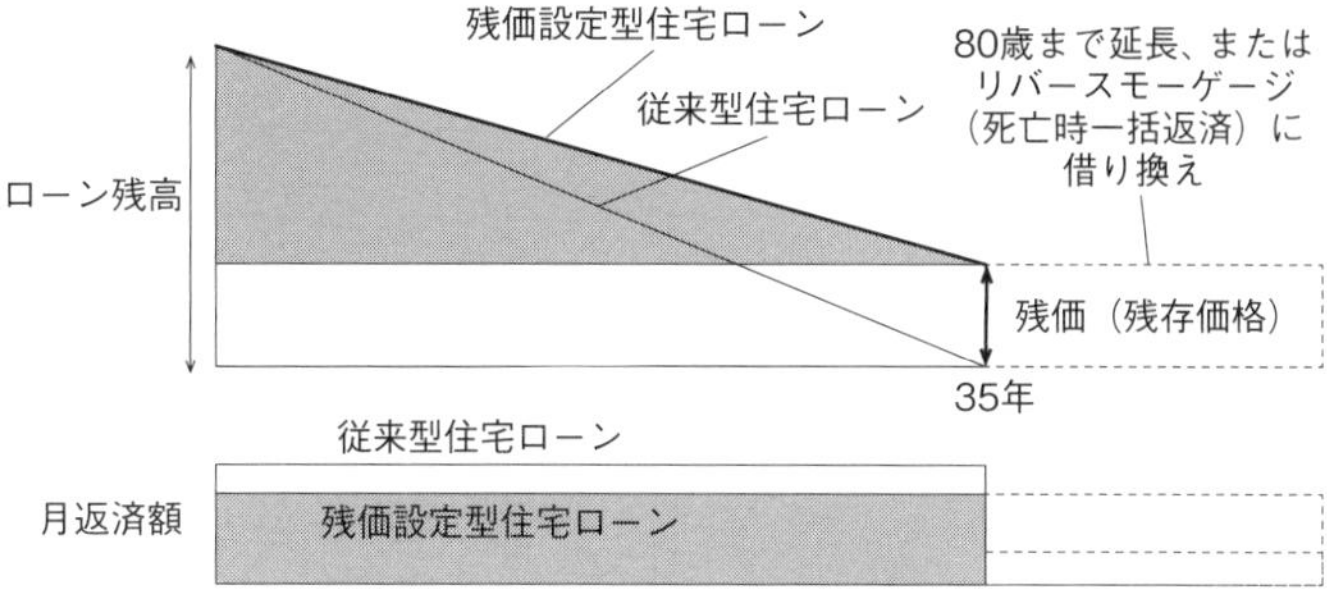

図表11 JTIの残価保証を活用したオプション付与型残価設定型住宅ローン

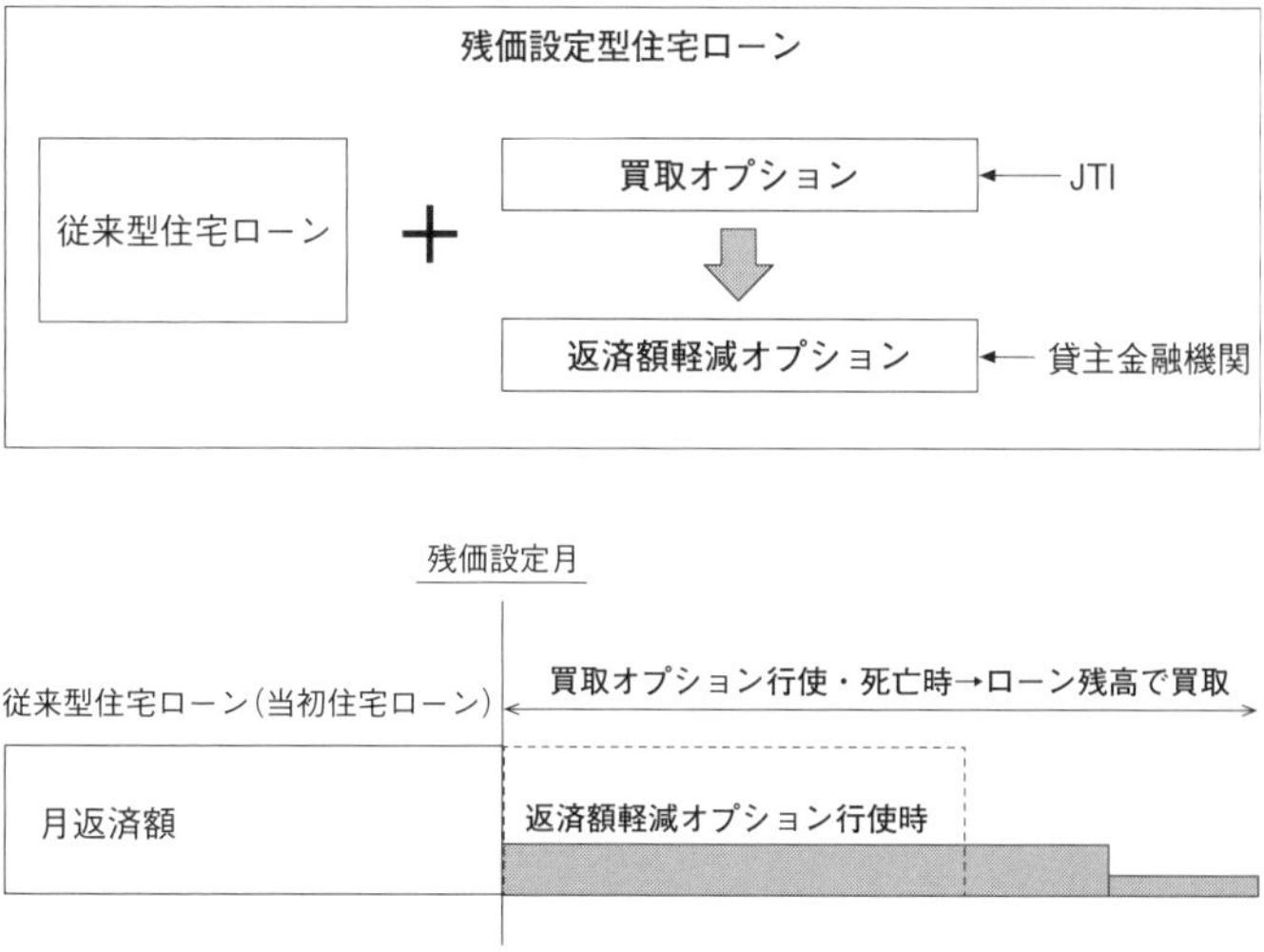

(3) JTIの残価保証を活用したオプション付与型残価設定型住宅ローン

これに対して、この本の冒頭に紹介した、ＪＴＩ（一般社団法人移住・住みかえ支援機構）が大手住宅メーカーや銀行、住宅金融支援機構の公的住宅ローンを扱うモーゲージバンクと共同で開発した残価設定型住宅ローンは、こうした自動車残クレ型の持つ問題を解消し、全国で利用可能な残価設定型住宅ローンのプロトタイプ（原型）とでもいうべきものになっています。

その仕組みは、普通の住宅ローンに、あらかじめＪＴＩが設定する残価設定月以降に行使することができる、返済額軽減オプションと買取オプションという2つのオプション（借主が行使できる権利）を付加したものです（図表11）。

最初に借りる時点では、これまでどおり普通のローンですが、返済額軽減オプションを行使すると、ローンの返済額が大幅に圧縮された死亡時一括返済型のローンに変わります。また、買取オプションを行使すれば、ＪＴＩにローンの残高で対象住宅（建物・土地）を買い取ってもらえますので、ローンが残りません。どちらもオプションなので、行使せずに当初ローンを完済してもよいし、値上がりしていれば、より高い金額で第三者に売ることも自由です。

２０２２年には、大和ハウス工業や住友林業の関連会社である日本住宅ローンが、両社の施工する住宅を対象に、住宅金融支援機構のフラット35を当初ローンとし、同社とＪＴＩが独自にオプションを提供することにより残価設定型住宅ローンに仕立てた仕組みをリリースしました。

その後、大手銀行やネット銀行が自行ローンに同様のオプションを付した商品を導入しており、本書刊行時点における導入住宅事業者は前記２社に加えて、ミサワホーム、パナソニックホームズ、旭化成ホームズ、トヨタホームの大手住宅メーカー６社、指定金融機関は前記１社に加えて、三菱ＵＦＪ銀行と楽天銀行の２行となっています。

⑷オプション付与型の仕組み

あらためて、オプション付与型の残価設定型住宅ローンの仕組みを整理しておきましょう。

①ＪＴＩが事前に残価査定　まず、住宅メーカーからの事前の依頼にもとづいて、残価保証を提供する非営利法人であるＪＴＩが、住宅ごとに残価設定月とその時点の買取保証額を査定します。買取保証額は、ＪＴＩが運営するマイホーム借上げ制度を利用して実現可能な家賃にもとづくコンピューターモデルを利用して計算されます。

②当初ローンは普通の住宅ローン　次に、借主は、最初は、銀行やモーゲージバンクからこれまでと同じ普通の住宅ローンを借ります。

③返済額軽減オプションを付与　銀行やモーゲージバンクは、貸し出す住宅ローンについて、残価設定月以降いつでも、月返済額を大幅に圧縮した住宅ローンに条件変更するか、そうした条件のローンに借り換えるオプションを借主に付与します。

④買取オプションを付与　ＪＴＩは、残価設定月以降いつでも、その時点における住宅ローン

の残高と同じ金額で住宅（建物・土地）を買い取ってもらえるオプションを借主に付与します。

⑤死亡時一括償還　③で返済額を圧縮したあとのローンは、借主が死ぬまで借りていることができます。また、家が完成してから50年たったところからは、金利のみの支払いとなります。この結果、残価設定月以降は同じような家を借りたときの家賃よりはかなり低めの支払いで、死ぬまで家を所有し、住み続けることができる一方、死んだときには④で必ずローン残高で買い取ってもらえます。もちろん、相続人自身が住みたいとか、ローン残高より高く売れるといった事情があるなら相続人が返済して自分のものにしても構いません。

3　新しい家の買い方が可能に

自動車の残クレと同様、オプション付与型の残価設定型住宅ローンは、単に購入資金を銀行等から借りる「お金の借り方」というよりは、「家の買い方、持ち方」に新しいスタイルを提供します。

(1)「期間所有」の実現

買取オプションがあることで、残価設定月以降は、家を明け渡しさえすればローンから解放されます。これは、当面は持ち家ですが、出ていくときは借家と同じということになります。

つまり、家を残価設定月以降の任意の日までだけ所有するという「期間所有」が実現するわけです。

期間所有は「長期賃貸」と似ていますが、オプションを行使しない限りは「持ち家」ですから、賃貸に伴う制約が一切ありません。値上がりしたら売ってもよいし、少なくとも、オプション行使前のローンには団信の保障があります（column 1）。そして、オプションを行使しなければ、そのままローンを完済して完全な持ち家とすることも当然にできるわけです。

(2)収入減少後の安定居住の実現

返済額軽減オプションがあることで、残価設定月以降は、死ぬまで家を所有し続けながら、ローンの返済額を大幅に圧縮できます。返済額軽減オプションを行使するとローンが死ぬまで残りますので、ある意味では家を買わずに一生借家住まいをするのと似ていますが、ローン返済額は、近隣で同様の家を借りた場合の想定家賃相場の半額以下が目安となるよう設計されています。また、どこまでも「自分の持ち家」に住み続けることができる点で、後述する家を売って借り戻すセール・リースバック（第4章10(3)）とは根本的に異なります。

(3)住宅の世代循環の実現

人生１００年時代、家を子どもに相続させる頃には、子どもも60歳前後になっている可能性が高くなりました。子どもが家を引き継ぐ意思がなく、自分で売ってローンを返すつもりもないなら、買取オプションが自動発動されますので、ＪＴＩがローンとともに家を引き取って、自ら次の世代に循環させていきます。これにより、相続した家が誰も住まないまま空き家となる事態を回避できます。

4 実例

より具体的な条件をみてみましょう。東京だと土地の値段が高くて多くの読者にとって参考にならないでしょうから、地方の事例をご紹介します（図表12。なお、この事例については、再度第6章で詳しく取り上げます）。首都圏等、土地の値段が高くなれば、残価設定の条件はさらによくなる傾向があります。また、残価設定の条件は、同じ物件であっても借り入れの条件を変化させると変わりますので、あくまで一例にすぎないことに注意してください。

この物件は、大手住宅メーカーが売り出したハイグレードな分譲住宅で、土地が約１５００万円、建物が３３００万円、これに諸経費が１１０万円で総額が４９６０万円でした。建物は、いわゆる１００年住宅の品質があることを証明する国の認定長期優良住宅の認証を受けており、維持管理のためのプログラムも万全であることからＪＴＩの残価保証が使えます。ここでは、35歳の方がこの住宅を購入し、代金の9割にあたる４４６４万円をＪＴＩの指定金融機関であ

図表12｜香川県高松市の分譲住宅①

残価花子様

JTIの残価保証を活用したお支払いプラン例

対象住宅	価格	土地	15,161,200
香川県高松市○○		建物（税込）	33,338,800
		諸経費（融資対象）	1,100,000
		合計	**49,600,000**

お支払いプラン（当初ローン返済期間35年）

残価設定月	294カ月	同月保証残価	**14,627,000 円**

当初住宅ローン 当初返済期間 35年		返済額軽減オプション行使後 買取オプションつき・死亡時一括返済	
35歳～	―	**60歳～**	**85歳～＊**
119,000円	―	**45,000円**	**11,000円**
変動金利	変動金利	変動金利	変動金利
残高：44,640,000円		14,627,000円	**6,368,000円**

＊この年齢以降は元本据え置き

※　試算に使用した想定金利：当初ローン［変動］：0.675%、
　オプション行使後［変動］：2.0000%、 50年経過後［変動］：2.0000%

る大手都市銀行から期間35年の住宅ローンの借り入れで賄うことにします。

ちなみに、勤め先の定年は65歳ですが、60歳の時点で職系が変わり、給料はそれまでの6割程度になるようです。

(1) 最初は普通の住宅ローン

まず、通常の住宅ローンを借りると、ボーナス払いを設定しない場合の返済額は月11万9000円となります（図表12）。

ただ、35歳で35年の住宅ローンを借りると70歳まで返済が続きます。給料の下がる60歳からは少し返済がきつくなりそうです。さらに、定年後厚生年金をすぐに受給した場合、他に企業年金や個人型確定拠出年金などの受け取

図表13｜返済額の推移

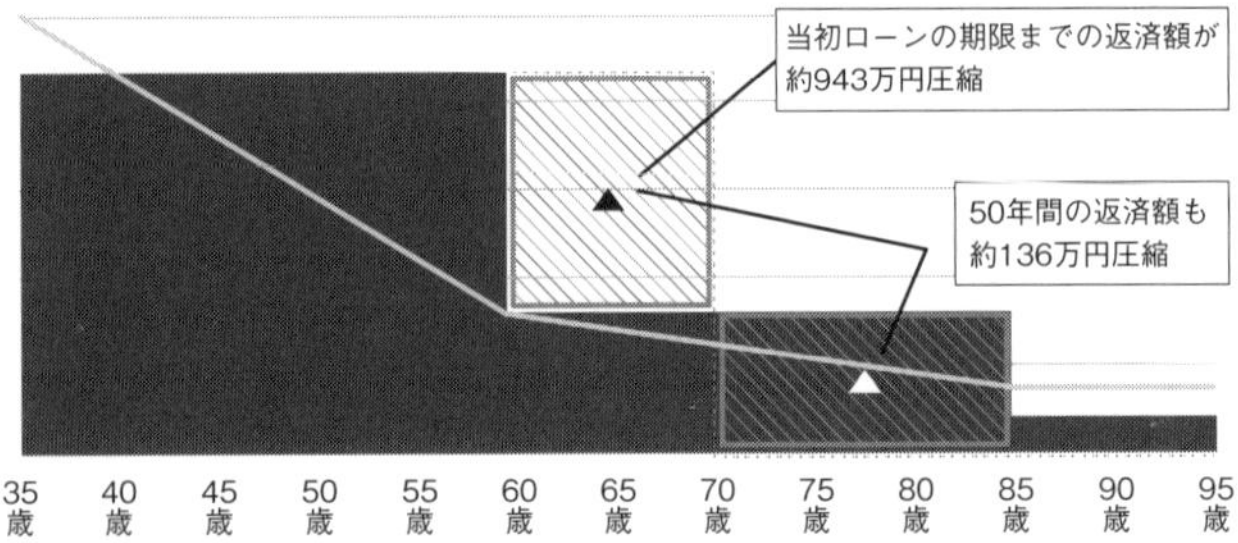

①当初ローン35年間の総返済額：50,133,000円
②返済額軽減オプション行使時の35年間総返済額：40,700,000円（①－②：9,433,000円）
③同上 85歳までの総返済額：48,771,000円（①－③：1,362,000円）

りがないと、夫婦でもらえる金額は22万円程度なので、定年後も働き続けないかぎり月12万円近いローンの返済は事実上困難です。

(2) 残価設定型と2つのオプション

オプション付与の手数料は一律5・5万円　そこで、このローンに返済額軽減オプションと買取オプションをつけることで残価設定型住宅ローンとします。このために必要な手数料は、借入額にかかわらず一律5・5万円（税込）です。

残価設定月は約25年後　この事例では、残価設定月は294カ月目（24・5年）と、ちょうど60歳になった時点となりました。その月におけるローン残高は約1463万円なので、これがその時点の残価保証額ということになります。借入額を減らしたり、当初ローンの期間を短めにしたりすれば、残価設定月は短縮されます。

図表14｜通常住宅ローンと残価設定型住宅ローンの残高推移と保証残価

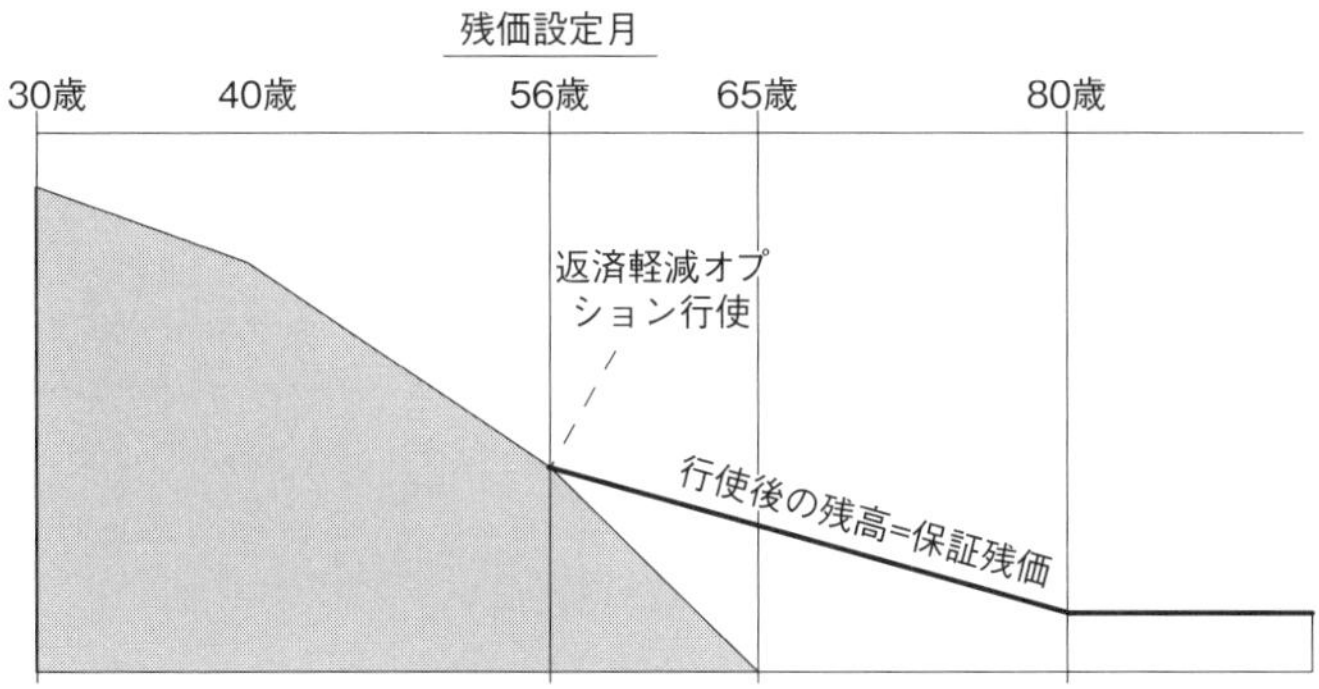

返済額軽減オプションを行使すると返済額が４割弱に圧縮　残価設定月以降に返済額軽減オプションを行使すれば、そこからの返済額は４・５万円と、４割弱に圧縮されます。また、50年目からの返済額はさらに減って、１・１万円程度になります（図表13）。

60歳から10年間の返済が９４３万円軽減　この結果、60歳から、当初ローンの期限である70歳までの返済額が約９４３万円軽減されます（図表13の▲部分）。

50年間の総返済負担も約１３６万円軽減　ただし、オプション行使後は死ぬまで返済が続きます（図表13の△部分）。それでもこの事例の場合、当初50年間の総返済額は、金利当初ローンを完済する場合に比べて約１３６万円少なくなります（図表13の▲部分と△部分の差）。

買取オプションの保証価格　残価設定月にオプションを行使した場合の、ローン残高の推移は図表14のようになります。このうち56歳以降の部分（太線）が買取オプションを行使できる期間になり、保証される残価金額はこのローン残高に常に一致します。つまり、仮に土地が大幅に値下がりしても、家と土地を手放しさえすればローンが残りません。一方、もし、ローン残高より高く売れるなら、オプションは行使せず自分で売ればよいわけです。

死亡時に残額を家・土地で返済　返済額軽減オプションを行使した後は、借入人の死亡時に相続人がその時点のローン残高を一括で返済せねばなりません。ただし、相続人がこれを望まないときは、ＪＴＩが土地と建物を引き取ってローンを完済しますので相続人に負担は残りません。もし、ローン残高より高く売れるなら、相続人自身が市場で売れば、差額が手元に残ります。ＪＴＩの買い取りは、地価が大きく値下がりしている場合における一種の保険として機能するわけです。

5　自動車残クレ型との比較

最後に、ヘーベルハウス―新生銀行が提供している自動車残クレ型残価設定型住宅ローンとの違いを整理しておきましょう。ネットで開示されている情報にもとづく比較ですので、不正確な場合があることをあらかじめお断りしておきます。

(1) 残価設定月までの返済額は圧縮されないこと

自動車残クレ型の住宅ローンは、期限において残価を設定することにより、最初から返済額を圧縮します。これに対して、オプション付与型の場合、融資比率にもよりますが、9割の場合の残価設定月は、大体20年から25年目になります。その代わり、軽減後の返済額は自動車残クレ型の場合に比べてかなり大幅に圧縮されます。

言い換えれば、自動車残クレ型は、返済を期限に残すことで、当初から返済額を圧縮する仕組み、オプション付与型は、将来の返済額を大幅に圧縮するオプションを確保することで、安心を得る仕組みと位置づけられます。

(2) 期限よりも手前に残価設定が可能であること

自動車残クレ型の場合、ローンの最終期限において残価を設定し、その時点で原則として家を手放せばローンを確実に返済することができます。しかし、そもそも、期限において家を売るかどうかの選択を必ず迫られるというのは憂鬱です。さらに、完済する頃には70歳前後になるわけですが、住み替えてセカンドライフを始めるには少し高齢である一方、高齢者用の住宅や施設に移るにはまだ元気なことが多いでしょう。もし、そのまま住み続ける場合、売って代金で返すというわけにはいきません。結局、80歳までローンの期間を伸ばしてもらうか、死ぬまで返す必要のないリバースモーゲージに借り換えることで返済額を圧縮して返し続けることになる可能性が高いと考えられます（column 5）。

こうしてみると、自動車残クレ型の住宅ローンといっても、自動車のそれと違って、借り換えが原則で、売却は例外といったほうがよいことが分かります。言い換えれば、残クレ型といっても事実上は、期限においてリバースモーゲージ等に変更することのできる住宅ローンだということです。そうだとすれば、そのタイミングを期限に固定するのではなく、期限より前の一定時期以降ならいつでも可能としたほうがよいと考えられます。

(3) 義務ではなくオプションであること

さらに欲をいえば、必ず60歳前後から返済が厳しくなるとも限りませんし、できれば最初に借りたローンをそのまま完済して家を完全に自分のものにしたいというのがほとんどの人の気持ちでしょう。

そこで、自動車残クレ型のように、特定の期限に必ず全額返すか、借り直すかを迫るというのではなく、あらかじめ定めた残価設定月以降ならいつでもそういうことができる権利——オプションを確保しておくが、使わなくてもすむならそのほうがよいと考えられます。買取オプションも同様の考えから、住み替えたり、借主が亡くなって一括返済をしたりする場合に、残価保証額よりも高く売れるなら、オプションを行使せずに、自身で売却して値上がり益を得られるようになっています。

(4) 全国を対象に提供可能であること

まず、維持管理体制等の条件を満たした国の認定長期優良住宅を対象に、非営利法人であるＪＴＩが買主に対して、買取オプションを提供します。ＪＴＩは国の基金による支援を得て、全国でマイホームを借り上げて運用し、家賃を支払うマイホーム借上げ制度を運用しています（第5章4）。残価保証の基礎となる住宅の金融価値は、この制度を利用して、ある時点から住宅の運用可能期限までに得ることのできる想定家賃をもとに算出していることから、賃貸の需要が見込めるところであれば、原則として日本全国を対象とすることができます。

(5) モラルハザードが少ないこと

自動車の残クレについては、目先の返済が圧縮される一方で、期限に一括で返済を迫られることになるため、安易に借りてしまったり、高額の商品を購入したりするモラルハザードにつながるのではないかという指摘があります。

これに対して、オプション付与型の残価設定型住宅ローンについては、目先の返済は圧縮されませんし、残価設定月までは返せなくなっても自分で責任をとる必要がありますので、残価設定型住宅ローンだからといって安易に借り入れることにはなりにくいですし、金融機関側でも通常の融資審査が行われます。

(6)点の保証ではなく線の保証であること

図表6と図表14を比較すると分かりますが、自動車の残クレの場合、保証される残価は期限という「点」における金額であるのに対し、残価設定型住宅ローンの場合、保証される残価は、残価設定月以降の任意の時点という「線」上の金額となります。これは、人生という連続した時間軸のなかで残価による買い取りが必要になる時点をあらかじめ定めることができないことによります。

column 6　ローンが「残」らない「価」格

これまでの説明からも分かるように、残クレにおける「残価」は「残存価格」ですが、オプション付与型の残価設定型住宅ローンにおける「残価」は、ローンの残高と同じ価格、あるいは、ローンが残らない価格ということになります。

第3章

なぜ、残価設定型住宅ローンなのですか？

残価設定型住宅ローンを開発した背景には、これからの時代、借主にとっては、目先の負担を数万円引き下げることよりは、子育てが一段落する一方で収入が減少しだす将来において、家やローン返済が人生の重荷とならないように手当てしておくことが大切ではないか、という考えがあります。より積極的にいえば、子育て後にもう一つの人生が30年以上続く人生100年時代にあっては、ライフチェンジに伴う住み替えに際して、ローンの残った家が足かせにならないようにしておくことが重要です。

本章では、この点について7つの視点から考えてみたいと思います。

1　視点①——ローンからの自由

(1) 35年住宅ローンの憂鬱

55歳から急減する所得　若い読者は、これから年齢とともに給料が多少なりとも上がっていくと漠然と思っていらっしゃるのではないでしょうか。しかし、国税庁の所得調査をみる限り、厳しい現実が待ち受けています。

図表15は、国税庁が納税の基礎となる民間給与の実態をとりまとめた統計から5歳ごとの年齢階層別の平均給与をグラフ化したものです。これをみると、20年前に比べてほとんどの世代で給与が減少しています。さらに、住宅ローンとの関係でより深刻なのは、**給与が55歳をピークに激減し、60歳を超えるとすでに30代前半の給与水準を下回る**という点です。

２０２１年には高齢者雇用安定法が改正されて、65歳までの雇用確保が義務づけられるとともに、70歳までの雇用確保の努力義務が企業に課されました。しかし、多くの企業は定年を単純に延長するのではなく、いったん60歳で定年退職としたうえで希望すれば65歳または70歳まで継続雇用するといったかたちをとり、それぞれの節目で給与を見直しています。

日経ビジネスコンサルティングが２０２１年に実施した「定年後の就労に関する調査」によると、定年後の年収について、「定年前の6割程度」という回答が20・2%と最多で、「5割程

図表15｜年齢階層別平均給与と住宅ローンの返済期間

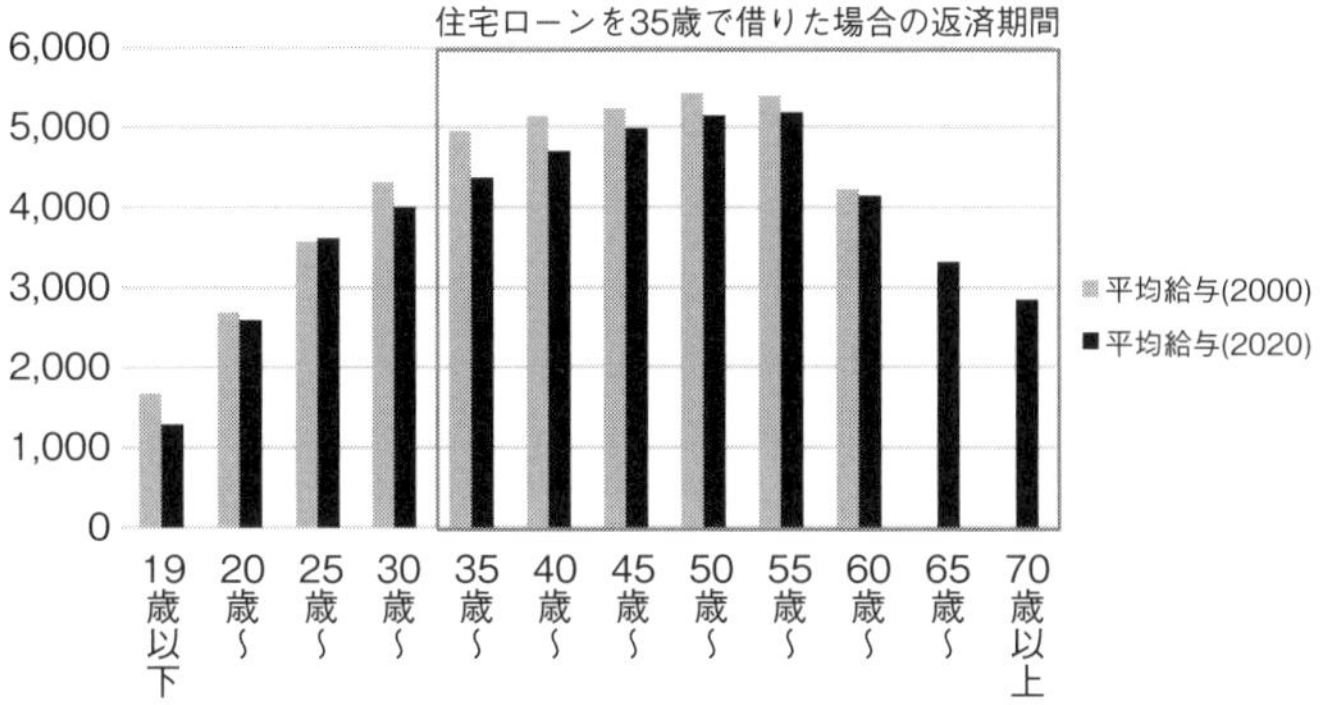

（出所）R2 国税庁民間給与実態調査より

度」が29・6%と続きます。

column 7 役職定年のリアル

加えて、最近は55歳前後で役職定年といって、一握りの幹部昇進者を除いて管理職を一律にはずれる制度が普及してきています。2022年10月に『週刊ダイヤモンド』が「役職定年の悲哀」と題した特集を行い、15の業界における役職定年の実情を報道しました（10月8・15日合併号）。これによれば、従業員101人以上の企業で半数以上が役職定年制度を導入しており、その64%が55歳以降に適用され、11～30%程度の減収となる場合が最多とのことです。

これに対して住宅ローンの標準的な期間は35年ですから、30代で借りた場合、**給料の下落が始まってからも10年程度、それまでと同じ金額の返済が続きます**。しかし、この最後の10年は子どもが大学に進学したり、親の介護が始まったり、人生では一番お金のかかる時期と重なることが多いのです。**給料が減るのに出費は増えるこの時期は、住宅ローンの返済負担がことさらつらく感じられる時期**ということができます。

(2) 保険としての残価設定

もちろん、人生順風満帆でこの期間に功成り名を遂げて住宅ローンを一気に返済してしまえる人もいるでしょう。でも、実際の給与統計にもとづく平均的サラリーマンをみる限り、住宅ローンを借りる時点で、**この時期にローンの返済負担を圧縮したり、家を手放せばローンが残らないようにしたりする保険が提供できれば、人生の安心につながります**。

しかし、定年や役職定年等による収入減少のリスクは「偶発的」な要因ではありませんので、団体信用生命保険のような保険ではカバーできません。

一方、その頃にはローンもそれなりに返済が進んでいますので、家の「価値」がローンの残高とほぼ同じ水準になってきます。そこで、この家の価値を活用することで、前述のような保険にあたるオプションを付与したものが残価設定型住宅ローンです。この場合、保険のように多くの人が少しずつ保険料を出し合って相互にリスクを支え合うのではなく、ローンという負債に見合った家の資産価値を用いることから、そのためコストを安く抑えることができます。

このように、収入が減ったり家計が厳しくなったりする退職前後の時期にローンの返済額を減らすことができるようにしたいという、**「ローンからの自由」**が、「なぜ残価設定型住宅ローンか」という問いに対する最初の答えになります。

column 8

35年住宅ローンは経済の都合だった

実は、２０００年までは戸建住宅向け住宅ローンの標準的な期間は25年でした。30代で借りれば、だいたい退職までに完済できるようにしてあったわけです。25年もたてば、子どもも独立して住生活そのものにも変化が生じます。住宅性能保証制度も最低限の家の耐用年数を「一世代」25~30年と定めており、銀行の担保評価も20年程度で担保価値をゼロ査定しているところが多いと思います。

ところが２００１年、ゼロ金利政策をとっても景気がなかなか回復しないことに業を煮やしたときの政府が、担保住宅の品質が向上していること等を背景に、住宅金融公庫（現在の住宅金融支援機構）の標準的な融資期間を10年伸ばし、月の返済額を大幅に引き下げて住宅を買いやすくすることで、景気刺激を図りました。競争上、民間金融機関もすぐにこれにならったので、瞬く間に住宅ローンといえば期間35年があたり前になりました。これにより、そこから数年は住宅着工戸数が１００万戸（現在は80万戸前後）を超えて、住宅業界も大いに潤ったのです。

金融機関も馬鹿ではないので、35年の住宅ローンを貸せば、多くの場合完済前に退職時期が訪れることは分かっています。しかし、退職年齢ぐらいになれば、ローンの残高がかなり減りますので（図表17）、万が一のときは抵当権を実行すれば損失はないか、あってもわずかですむという割り切りがあるわけです。しかし、人生設計を考えますと、35歳で借りて70歳まで返済が続くローンというのは健全とはいえません。担保を実行すれば回収できるとしても、借主は住むところがなくなりますから、実家があるといった事情がないと、家を借りなければなりません。しかし、家賃が払えるならローンも返せる道理ですから、下手をすれば生活保護を受ける必要が生ずるでしょう。「顧客本位」の商品かと問われれば胸を張って「そうだ」と言い切れる銀行員は、少ないのではないでしょうか。

このように、**35年住宅ローンは、もともと借りる人のことよりは経済・企業・金融機関の論理を優先して導入された商品**なのです。もちろん、25年ローンより目先の返済負担は少なくなりますから「買いやすく」なることは事実ですが、それだけ長く利息を払うことになりますし、リスクもあるということを意識する必要があります。

2

視点②——家という束縛からの自由（人生１００年時代とライフシフトの時代）

人生１００年時代

もう一つの視点は、長寿化です。図表16は、政府が毎年日本人の生死の状

図表16｜日本人の平均余命と生存確率

			0歳	30歳	40歳	50歳	60歳	65歳
男	平均余命		81.6	52.2	42.5	33.0	24.1	16.1
	平均死亡年齢		81.6	82.2	82.5	83.0	84.1	86.1
	生存確率	90歳	28.1%	28.4%	28.5%	29.0%	30.1%	33.3%
		95歳	10.5%	10.6%	10.7%	10.9%	11.3%	12.5%
		100歳	2.1%	2.1%	2.1%	2.2%	2.3%	2.5%
			0歳	30歳	40歳	50歳	60歳	65歳
女	平均余命		87.7	58.2	48.4	38.8	29.4	20.5
	平均死亡年齢		87.7	88.2	88.4	88.8	89.4	90.5
	生存確率	90歳	52.6%	52.9%	53.1%	53.6%	54.6%	57.0%
		95歳	27.9%	28.0%	28.1%	28.4%	29.0%	30.2%
		100歳	8.2%	8.2%	8.2%	8.3%	8.5%	8.8%

平均余命：各年齢から死亡までの期間の平均。なお、平均寿命は0歳の平均余命のこと

平均死亡年齢：各年齢にその年齢の平均余命を足した年齢

生存確率：各年齢から左欄記載の年齢まで生存する者の割合

（出所）「令和2年完全生命表」

況を整理して発表している生命表という統計にもとづいて、各年齢の人が90歳、95歳、100歳で生存している確率（生存確率）を示したものです。

これをみると、60歳になった男性が90歳で生存している確率は30・1%、女性は54・6%です。還暦を迎えた女性の約2人に1人、男性の約3人に1人は90歳まで生きるということになります（なお、平均死亡年齢は男性が84・1歳、女性が89・4歳と多少若めになります。これは、人は歳をとるほど死亡率が上がっていくため、年齢の平均をとると若めになることによ

ります）。

このように、人は90歳ぐらいまでは生きると思っておいたほうがよい時代になりました。そして、この生存確率は、1995年から2020年までの25年間で男性は2・2倍、女性は1・7倍とほぼ倍になっており、まだ伸び続けています。こうしてみると、これから住宅ローンを借りる人は、言葉通り人生は100年続くと思っておいたほうがよさそうです。

マルチステージライフ　こうしたなか、従来の、教育期―就労期―引退期という3つに区分されたスリーステージの人生から、**一生のうちに異なる仕事や生き方を複数経験するマルチステージ型へと生き方が大きく変わろうとしています**。

単に人生が長くなったからというだけではありません。大手企業ですらもはや終身雇用を維持できないことを明確にうたうようになり、働き方も「どこに勤めているか」というメンバーシップ型から、「何ができるか」というジョブ型へと急速に転換しています。寿命は延びる一方で少子化が進んでいるため、年金財政の逼迫状況も、悪化しこそすれ改善は期待できないでしょう。

こうしてみると、これまでのように「定年まで勤め上げてあとは楽隠居」することは難しそうです。むしろ、まだ**可能性が残る40代や50代のうちに、会社に雇われるのではなく、自分自身でできるだけ長く働き続けられる仕事を始める人も増える**のではないでしょうか。

column 9　グラットン、スコット両教授の主張

「人生100年時代」という言葉は、ロンドン・ビジネススクールのグラットン教授とスコット教授が書いた同名の書籍に由来します（Lynda Gratton=Andrew Scott, *THE 100-YEAR LIFE*, 2016。邦訳『ライフ・シフト　100年時代の人生戦略』池村千秋訳、東洋経済新報社、2016）。これまで、教育期―就労期―老後期というスリーステージ（三幕）の画一的な人生を想定しておけば良かったものが、人生が100年ということになると、これまで老後と考えていた時期にも積極的に働いたり、これまで以上に夫婦が対等な関係で戦略的に仕事や子育てを行ったりする必要があります。この場合、若くて元気だが、子どもを養わなければならない時期の仕事と、子育てを終えて支出は減るが歳もとって少しゆっくりしたくなる時期の仕事は変えたほうがよいでしょう。ただ、そのためには、若い時期から老後を見据えて計画したり、早めに副業を始めて将来の起業につなげたり、あるいは、夫婦の一方が会社勤めで安定収益を確保し、他方は専門的な資格をとって個人でやれる仕事に挑戦することでキャリアのリスク分散を図る、といった多面的・複線的な「働き方」を探る必要があります。そのためには、若いときの教育とは別に、大人になってから新たな知識や技能を取得するリカレント教育を充実させることが急務です。

人生100年時代においては、特に就労という観点からスリーステージライフ（三幕芝居型人生設計）からマルチステージライフ（多面展開型人生設計）に移行が進むというのが、両教授の主張です。

職・住分離　一方、ネットワーク技術やインフラの発展とコロナ禍によって在宅勤務やリモートワークがあたり前となり、「通勤圏」に住まずに働くことが可能になってきました。**人類の歴史上初めて、職業のある場所と住む場所が大きく異なることが許される、職・住分離の時代が訪れたのです**。この結果、仮に勤め先や仕事が同じでも、住む場所を思い切って大きく変えることが可能となっています。

ライフチェンジと「家の束縛」からの自由　こうした大きな変化のなかにあって、中年期に通勤・通学が便利なところに持ち家を取得して子どもを育て、引退後も基本的にはそこを終の住まいとするという、スリーステージ対応型の住生活はもはや過去のものになりつつあります。ただし、子どもとともに家族を育むという、しんどくはあっても幸せな人生の黄金時代を、新しいマイホームで過ごすということが理想であることに変わりはありません。

　問題は、その時期のあとに、まだ同じかそれ以上の長さの人生があるということです。そして、その人生はいかなる意味でも「余生」などではありませんし、その時期を過ごすのに最適の場所と家があります。**新しい人生には新しい住まいが必要**となるのです。

　この際問題となるのが、子育て時代に買った家とそのためのローンです。特に、35年というローンの期間は子どもが巣立つまでの期間に比べれば長過ぎます。**「家」や「ローン」が、ライフチェンジの障害になる可能性が、増えている**のです。

column 10　オーバーローンの実情

図表17は、土地と建物の価格割合が2対3程度という前提で、取得価額の9割を借り入れで賄った場合に、期間35年のローン（金利は1・5％固定と想定）と住宅の価値がどのような関係にあるかを図示したものです。

建物の価値は初年度に新築でなくなることによる減価を2割見込み、そのあとは、6割程度を占める構造躯体部分が25年、設備内装部分が15年程度でゼロ評価になると想定しています。厳しいと思われるかもしれませんが、日本の中古住宅市場を前提にするとこれでも楽観的な評価なのです（第5章2⑴）。

下部の黒い部分が、住宅の価値がローン残高を下回る金額です。最初の20年余りはオーバーローンの状態が続くことが分かると思います。

図表17｜オーバーローンの状況

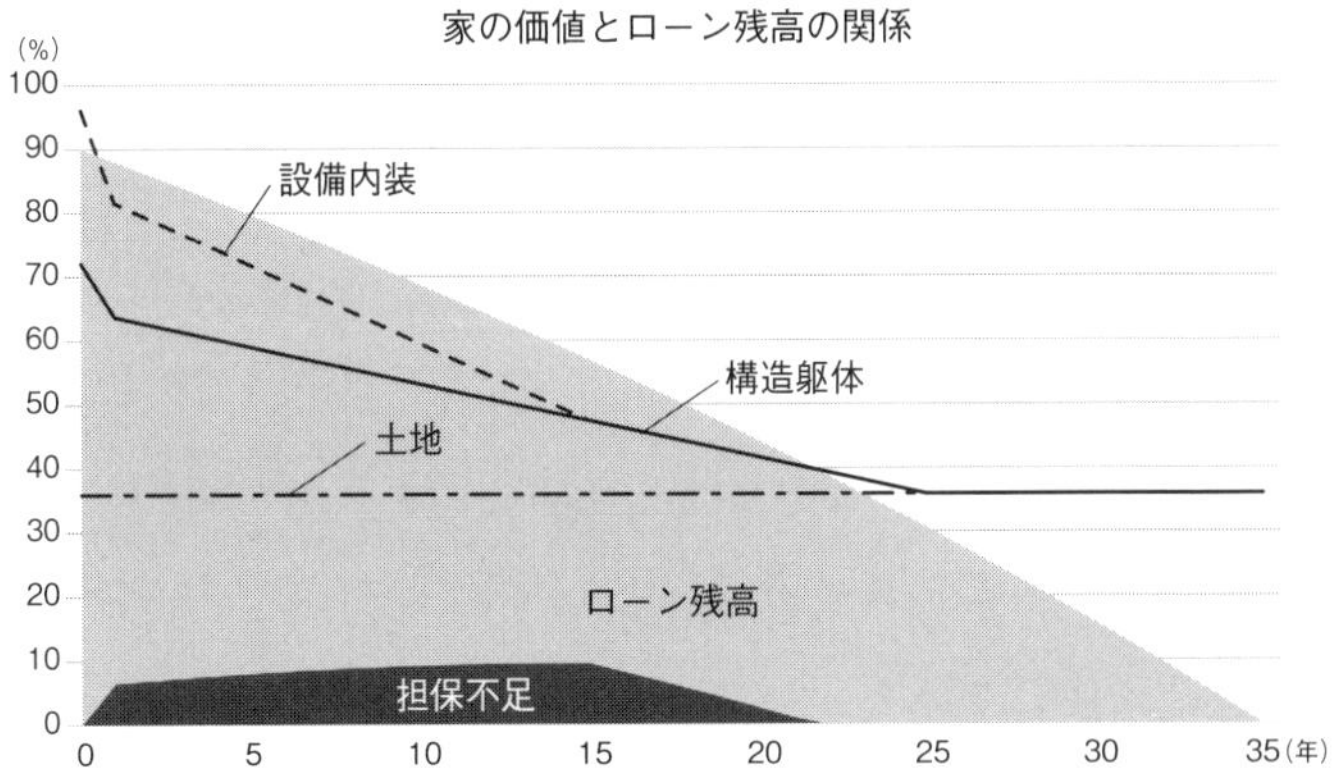

こうした「家の束縛」を避けるには、新築の家をいつでもローンとセットで手放せればいうことはありません。しかし、実際には借入比率9割を前提にしますと、**期間35年のローンの場合、借りてから20年程度は担保住宅の処分価値がローン残高を下回るリスクが高い**のです。

オプション付与型の残価設定型住宅ローンは、子育て期が完了する頃に設定された残価設定月以降について、ローン返済額の削減とローン残高での買取オプションを提供することで、ライフチェンジに対して、家やローンが束縛となることへの備えとなります。

このように、**家という束縛からの自由**が、「なぜ残価設定型住宅ローンか」という問いの二つ目の答えになります。

3 視点③——家が負の資産とならないための工夫

(1) 借り入れによる持ち家取得の必然性

本書の冒頭にみたように、住宅ローンを借りて家を買うことは庶民にとって非常に効率のよい投資になっています（第1章2）。一方、そうした事情もあってか、日本の住宅は2DK以下の賃貸住宅と3LDK以上の持ち家に二極化しており（図表3）、広めの家族住宅に住むには買うしかないという事情があります。そして、このためには、貯金ではなく住宅ローンを借りて家族住宅が必要となる30代前後に家を買えるようにすることが必須です（第1章1(3)）。このように、住宅ローンは単なる借金ではなく、庶民に欠かせない社会インフラなのです。

(2) 家が負の資産とならないための工夫

そして、前節でみたように、ローンを借りてから20年程度たてば、一応住宅の価値がローンの残高を上回るようにはなります。しかし、法律的には「所有権」が買主にあるとしても、返済が続いている間は賃貸住宅とあまり変わりません。もし払えなくなって抵当権を実行されると、家を失ったうえ、多くの場合、代金では完済できずに債務が残ってしまいます。仮に破綻にまでは追い込まれないとしても、住宅ローンの存在がセカンドライフを始める「アクティブシニア」層の消費活動に抑制的な影響を与えることは間違いありません。

このため、定年以降も返済が続く35年住宅ローンが普及した今日、日本人の「住」をこれまでどおり豊かなものにし続けるには、単に購入時に住宅ローンを安定的に供給するだけでなく、定年等を機に収入が減少に転じてもローンを無理なく返済でき、万が一の場合には家さえ手放せばローンから開放されるようにすることを通じて、家が「負の資産」とならないように備えることが欠かせないのです。

このように**家が負債とならないようにすること**が、「なぜ残価設定型住宅ローンか」という問いへの三つ目の答えです。

4　視点④——相続財産という幻想からの自由

(1)家を相続させるという幻想

相続動機の消失　人生100年時代を迎えて、もう一つ大きな変化があります。子どもに相続させるために家を買うことの意味がなくなってきたということです。筆者が講演等の機会に、聴衆の皆さんに子どもに家を相続させたいかと問うと、かなりの方が「はい」と答えます。でも、一般に男性より長生きする女性の90歳における生存確率が50％を超えているということは、いわゆる二次相続、つまり、両親がともに亡くなって財産を子どもたちが全部相続する頃には、子どもたちの年齢も60歳を超えている可能性が高いことを意味します。

しかし、多くの人が家を欲しいと思うタイミングは、結婚して子どもが生まれ、２ＤＫのアパートや社宅では狭いと思い始める30～40代です。さらに、そもそも論として、親の代に「通勤・通学」に便利だった場所が子どもにとってもそうであるとは限りません。東京で就職した地方出身者が築後60年の実家を相続しても、やっかいなだけです。

このように、相続する家が仮にあっても、それよりずっと前に子どもたちは家を買わねばならないというのが、今の日本なのです（図表18）。

こうしてみると、できるだけ若いときに家を買って働けるうちにローンを返しておけば、家

図表18 | 家を相続する頃には家はいらない

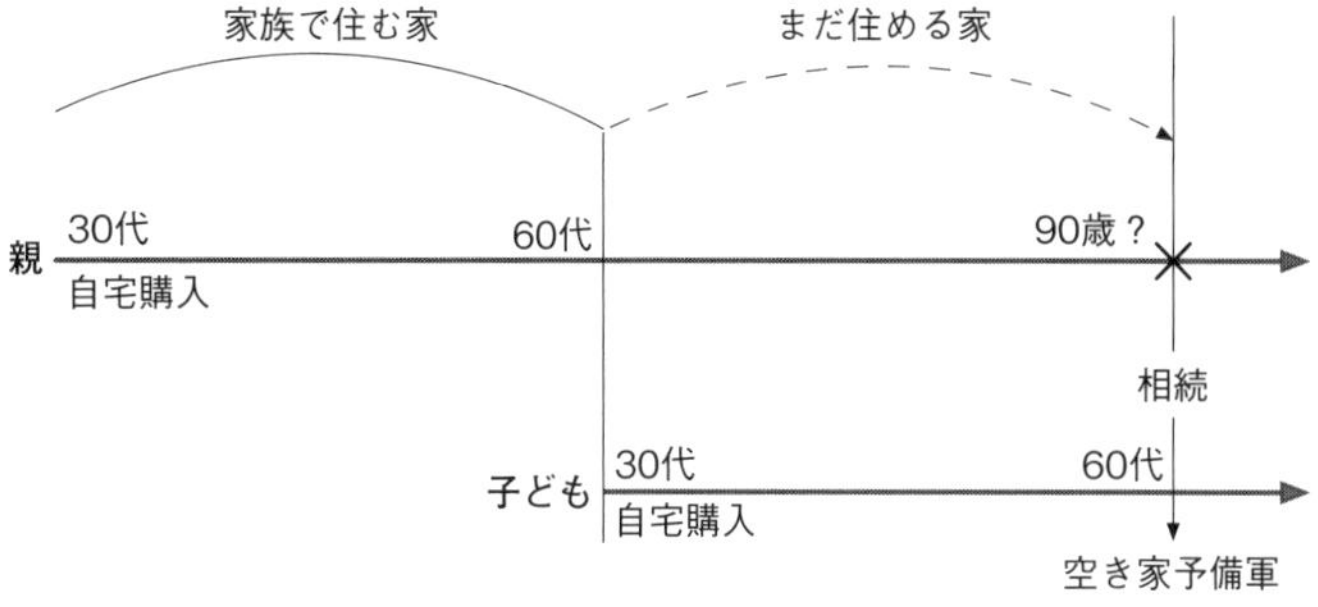

という大きな財産が手元に残り、相続を通じて子どもが新たに家を買う負担から解放してやれるということは、多分に幻想となりつつあることが分かります。だからこそ、若いときに将来不安なく家を買えるように残価設定型住宅ローンが必要になっているともいえます。

(2)元本の一部を死亡時一括返済する合理性

このように、家について、値上がりが期待できず、ローン残高を差し引いた純資産でみた場合に退職後しばらく負の資産となるうえに、相続財産としても、厄介者になりつつある住宅の現実からすれば、少なくとも家の価値とローンの残高が同じになったあとは、元本は死ぬまでできるだけ返さずにおいて、死んだときに家で返済することに合理性があります。

一見、ローンを完済せずに残すことに不安を感じるかもしれません。そういう人は余裕があるなら完済すればよいのですが、前述のようにその頃には別のところに住み替えたくなる可能性もあります。相続させても無駄になるなら、相続させる部分は自分のものにせず引き取ってもらうことで、「寿命が延びて増える一方の老後生活費を圧縮することができるようにしておく」ことにむしろ合理性が生じているのです。

このように、**相続財産という幻想からの自由**が、「なぜ残価設定型住宅ローンか」という問いへの四つ目の答えということです。

5 視点⑤——住宅の世代循環

前節で、家を相続で受け継いでいくというニーズが失われていると指摘しました。それでは、そういう家はどうすればよいのでしょうか。

実は、90歳前後まで住み続けてから家を次の世代に受け渡すことには無理があります。そもそも、家は経年によって老朽化することに加えて、老後は資金的に制約があるため適切な修繕が施されない可能性があります。相続人が複数で、誰も住む予定がないということになると、売ってお金で分割することになりがちですし、都心部ですと、高額の相続税を払うためには売ったり物納したりするしかないということもあるでしょう。

そうなると、60年近く住んだ家をそのまま売るわけですから、「中古住宅」というよりは、「古家つきの土地」としてしか扱われず、家の再利用が図られる可能性は格段に低くなります。

もともと現役時代に購入した家の多くは「子育て時代を過ごす家」です。そうだとすれば、そこに引退して死ぬまで住み続けるよりは、早めに次の子育て世代に引き継いだほうが家本来の価値が活かされます。

ところで、家は、住むための物理的空間を形づくる構造・躯体（スケルトン）と、実際に住むための空間や機能を提供する設備・内装（インフィル）から成り立っています。実は、長寿命住宅といっても、長寿命なのはスケルトンであって、インフィル部分は20年も経てば劣化して価値がなくなります。このため、現役世代が引き継ぐにあたっては、インフィルを新たにつくり替える必要があります。

逆にいえば、実際に住むための空間や機能を提供しているのはインフィルですから、これをつくり替えれば家は新品になります。これによって、「準新築」の家をより安く手に入れることができます。また、これを購入する世代は、新たな現役世代ですから、そのために必要な資金を、新たに住宅ローンを組んで返済していくことができます。

このように、**家は、その家本来の使われ方をされている期間が終われば、その時点で次の世代に受け継いで、インフィルを更新し、本来の使われ方によって循環させていくべきもの**なのです。特に、長期優良住宅のように、スケルトンの耐用年数が１００年近い場合、「30歳で買って１００年住んでも安心な住宅」と考えるのではなく、「子育て世代の家族が4世代にわたって住み継いでいくことができる住宅」と考えないと、真の意味で「長寿命」とはいえません

図表19｜住宅の世代循環

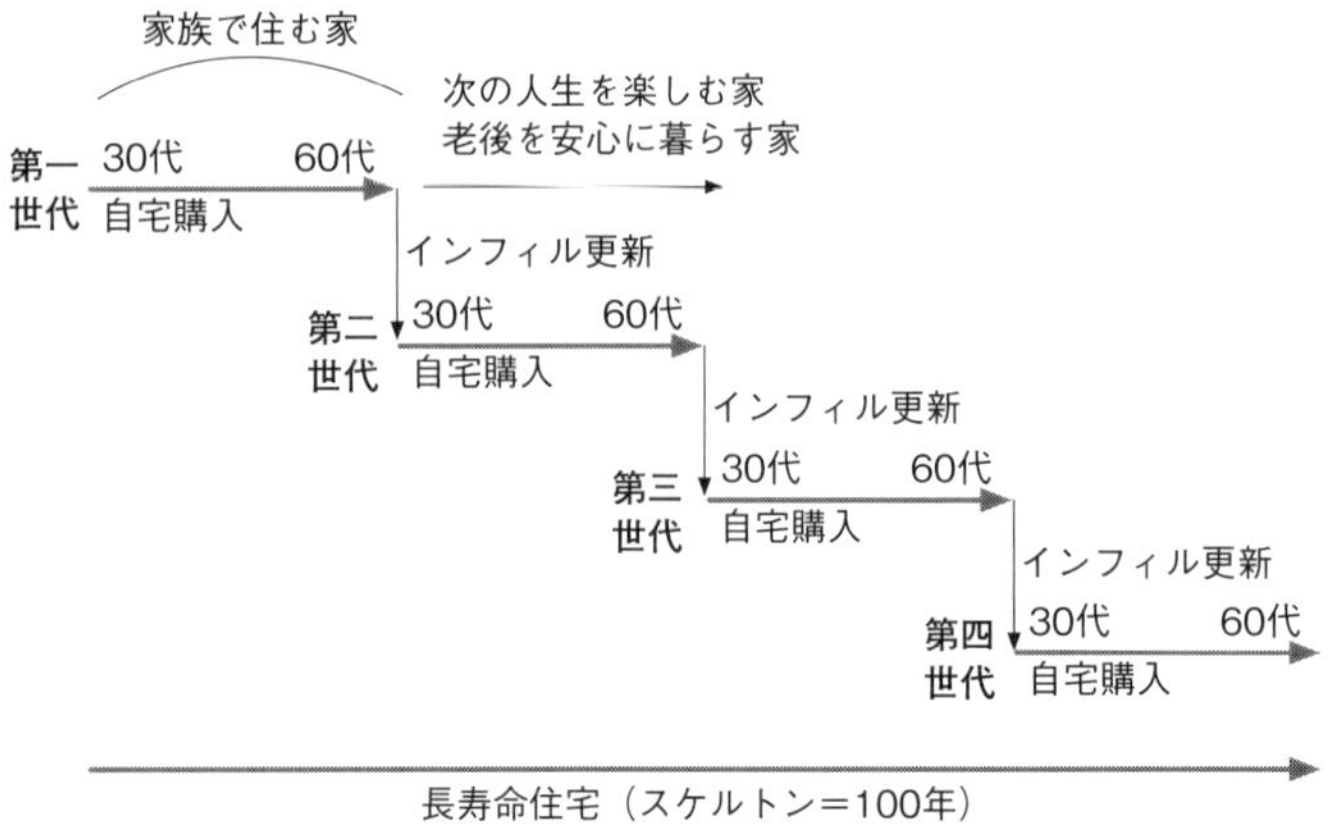

(図表19)。

そして、ここで気をつけていただきたいのは、そうしたことを実現するには、ハードとしての家が長寿命なだけでは不十分だということです。家をどんなに長寿命にしても、これを世代循環させていくソフトがなければ、家を世代循環させることはできないのです。

ヨーロッパに古くからある石づくりの家は、確かに木の家よりは長持ちします。しかし、石づくりの家が何世代にもわたって住み継がれてきたのは、単に頑丈だからではなく、インフィルを世代ごとにつくり替えて再生させるということがあたり前に行われる文化が根づいていたからなのです。**日本で100年住宅をあたり前のものにするには、単にハードが100年もつだけでなく、20年ごとにインフィルを再生するソフトの仕組みが必要**だということです。

残価設定型住宅ローンの2つのオプションは、老後に低コストで家に住み続ける選択肢を残しながら、ライフチェンジで住み替えることになれば、これを確実に次の世代に循環させていくための、ソフトインフラとしての役割を果たします。

column 11　住まいの社会システムのバリアフリー化

国は住宅に老後まで安心して住めるようにバリアフリー化を推進しており、そのためにさまざまな支援の制度もあります。しかし、もともと現役世代が家族と住むためにつくられた家に老後も住もうと思えば、さまざまな無理が生じます。そういう「ハードのバリアフリー化」とは別に、子どもが巣立ったあとのエンプティーネスト（empty nest）世代が幸せな住宅、高齢期の住宅、介護や支援の受けられる住宅と、ライフステージに即した住宅を用意したうえで、それらを住み継いでいくことができるように、バリアフリーな「住まいの社会システム」を制度として準備することも必要ではないでしょうか。残価設定型住宅ローンは、そうした社会システムを金融から支えるためのささやかな試みなのです。

このように、**住宅の世代循環を実現すること**が、「なぜ残価設定型住宅ローンか」という問いの五つ目の答えということになります。

6

視点⑥——期間所有の実現

前節で述べた、住宅の世代循環が実現すると、家はライフスタイルに合わせて、必要な期間だけ住むものになります。ところで、これまで、「必要な期間だけ家に住む」には、家を借りるという方法しかありませんでした。しかし、賃借では、エアコンの取り付け穴一つ開けるのでも大家に承諾をとらねばなりません。そもそも、賃貸は経済的にみて無駄が多く、広い家を借りることも難しいということは、第1章で指摘したとおりです。

これに対し、残価設定型住宅ローンを借りて住宅を買えば、家の所有権が手に入る一方、残価設定月以降は、家を手放しさえすればローンが残りませんから、その実体は、借家を期限に明け渡して出ていくのと同じです。でも、もし土地が値上がりしていれば、買取オプションを行使せずに自分で売れば儲かる可能性がありますし、返済額軽減オプションを行使せずに、ローンを完済して子どもや孫と一緒に暮らす終の住処にしても構いません（図表20）。

残価設定型住宅ローンを借りて家を買うことにより、家を「延長オプションつきで期間所有」することが可能となるわけです。

このように、**住宅の期間所有を実現すること**が、「なぜ残価設定型住宅ローンか」という問いの六つ目の答えになります。

図表20｜持ち家・借家・残価設定型住宅ローンを通じた期間所有の比較

	持ち家	借家	残価設定型住宅ローンを通じた期間所有
保有形態	所有	賃貸	所有
退職時期以降の支払い	同じ額で10年程度続く	死ぬまで家賃がかかる	返済額軽減オプションにより大幅に圧縮
売ってローンを返済	オーバーローンのリスク	借金なし	買取オプションにより、借金が残るリスクなし
家が値上がり	売れば儲け	大家の儲け	売れば儲け
借主の死亡リスク	団体信用生命保険あり	保障なし	残価設定月まで団信あり※ その後は死亡時に買取オプション
災害リスク	負担	大家の問題	負担
家の相続	可能。 相続税負担あり	大家の問題	借入金と合わせて相続（税負担軽減） 不要なら買取オプションが自動行使

※金融機関によってオプション行使後も一定年齢まで団信が利用できる場合がある

7

視点⑦――老後居住保障

最後に、ここまでと少し違う切り口を考えてみます。それは、持ち家が老後の居住を保障するという視点です。

図表21は、世代別の持ち家比率を２０１８年から10年ごとにさかのぼって、現在の各世代の持ち家比率がどのように推移しているかをみたものです。これをみると、まず、若い層を中心に、持ち家の比率が明らかに下がってきていることが分かります。

次に、２０１８年に50代であった人の持ち家比率は、その10年前に50代であった人たちより7%程度低いことが分かります。今後、この人たちの持ち家取得が従前以上に進むとは思えませんので、恐らくこの層の持ち家比率は60代になっても、２０１８年時点の60代のそれよりは同じ程度低くなるでしょう。同様に考えてみると、２０１８年時点で40代の人たちは60歳になると10%程度、30代の人たちは、恐らく15%以上持ち家比率が低くなる可能性が高いと考えられます。

日本は、これまで先進国のなかでも非常に高い老後の持ち家比率のおかげで、平均寿命が著しく延びた現在にあっても、老後の居住保障に深く悩まずに済んでいます。しかし、寿命が長くなるなかで、若い層でこれだけ顕著に持ち家比率が低下すると、恐らく将来において家を持

図表21｜毎年世代別の持ち家比率が下がってきている

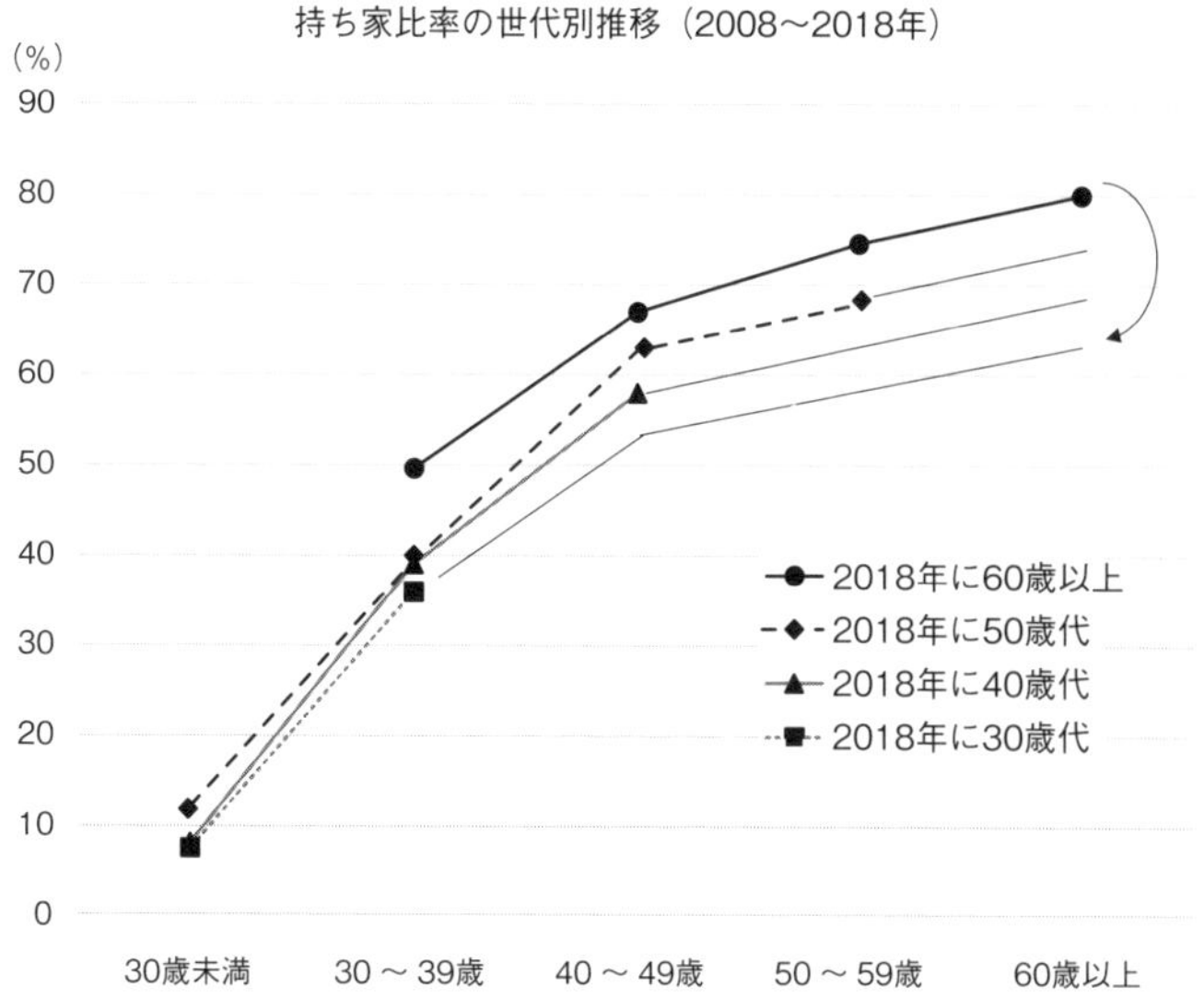

（出所）「総務省統計局住宅・土地統計調査」（2018）

たない高齢者の居住保障が住宅政策における重要課題となる可能性があります。

もちろん、持ち家比率が下がっている理由にはさまざまな要因があり、なかには最終的に親の家がある等の理由で、将来は問題なく住まいを確保できている人も少なくないと思います。しかし、少なくとも、持ち家がないと老後に向けて借家住まいを強いられて家賃負担が生活費を圧迫する可能性がある人については、現役の間に持ち家を取得しておいたほうがよいと考えられます。

もし、そういう人のなかで、収入等を考えれば客観的にみて家を買える世帯が、将来の不安から漠然と持ち家取得を躊躇しているとすれば、そうした不安を明確に除いてあげることが、本人だけでなく、将来セーフティーネットで支援せねばならない対象者を増やさないという意味で国にとっても好ましいと考えられます。

家を買うことは決して贅沢なことではなく、人生１００年時代にあっては年金と同じように生活保障の意味を持つのです。

残価設定型住宅ローンは、巨額のローン債務を負担することに対する将来の不安を一定程度除去することができるので、持ち家取得を下支えして、老後の居住保障に一定の効果を発揮する可能性があります。

このように、老後の返済不安を除去することを通じて**持ち家取得を支援し老後の居住保障に貢献すること**が、「なぜ残価設定型住宅ローンか」という問いの七つ目の答えということになります。

第4章

残価設定型住宅ローンについてより詳しく教えてください

残価設定型住宅ローンはまったく新しいタイプの住宅ローンなので、通常の住宅ローンとは異なる点がたくさんあります。本章では、JTIの残価保証を利用したオプション付与型の残価設定型住宅ローンを例にとって、通常の住宅ローンと異なる点を説明します。

1　どんな住宅でも利用可能ですか？

⑴ 当面は認定長期優良住宅のみ

ＪＴＩの残価保証は、住宅をマイホーム借上げ制度を利用することで得られる将来の想定家賃収入にもとづいて家の価値を決定しています。このため、家の耐用年数が長ければ長いほど保証可能な価値が大きくなります。

そこで、執筆時点では、対象となる住宅を、国がその建築を推進している、長期優良住宅法にもとづいて認定を受けた長寿命住宅（認定長期優良住宅）に限定しています。認定長期優良住宅は、一般の住宅の3倍程度の耐久性が求められることに加え、環境性能も高いことから、高い残価を得ることができます。

column 12　一般住宅への拡張

当面は、認定長期優良住宅に限定していますが、たとえば、すでに住宅ローンを借りたあと定年が近づいて返済不安が高まっている方々に、2つのオプションのみを付与したり、残価設定型住宅ローンで既存ローンを借り換えたり、といったことも考えられます（第6章6）。このためには、対象を一般の住宅に拡張する一方で、オプション付与時に丁寧に点検を行い一度しっかりと

> 補修を行ったうえで、その後も定期的な点検や補修を行うことで、長期間の運用に耐える仕組みを構築する必要があります。家は最初に頑丈につくっても維持管理をしなければ早く傷みます。逆にいえば、仮に最初のつくりが厳格に長寿命の条件を満たしていなくても、丁寧に維持管理をすれば長持ちさせることは十分可能だからです。残価設定型住宅ローンの借り換えにあたり、その時点で行うリフォームの資金を追加的に貸し付ける一方で、残価保証を活用して返済額を最初からある程度圧縮することも考えられます。

⑵ＪＴＩに協賛する事業者や団体加盟の事業者で、特に認定を受けたものが施工する住宅

20～25年後の価値を保証するためには、単につくったときに頑丈なだけでなく、継続的に維持管理がなされねばなりません。自動車の残クレでも、6カ月ごとの点検を受けることが条件になっています。長期優良住宅の認定を受けるにあたっては維持管理計画を定めることになっていますが、実際に計画どおりの維持管理が行われるかどうかは、施工にあたった事業者の対応に委ねられている部分が大きいのです。

このため、ＪＴＩが残価保証を行う住宅については、制度導入にあたって、事業者ごとに維持管理の体制をＪＴＩが確認します。また、次節で述べるように、少なくとも、10年目から5年ごとに定期点検を受検し、住宅の耐久性維持の観点から重要な問題がある場合には、修繕をすることがオプション行使の条件となっています。

(3) 定期点検と必要な補修の実施

どんなに頑丈な家でも維持管理を怠れば老朽化が進みます。認定長期優良住宅については、認定時に維持管理計画を定め、定期点検や補修を実施することになっています。認可はこの維持管理計画も含めたものですので、残価設定型住宅ローンのオプション行使にあたり、この計画に準拠したメンテナンスプランに従った維持管理がなされていたかを点検・補修の履歴（住宅履歴）で確認することになっています。

自動車では当初3年、その後は2年ごとにいわゆる車検を行い必要な補修をすることが義務づけられています。家は車に比べると、維持管理を怠ることが人命への直接的な危険に結びつくという事情が希薄なので、定期的に点検を行う人はむしろ例外的かもしれません。しかし、こまめに点検・補修を行っておけば、将来補修に大きな費用をかけないですみます。メンテナンスプランの実施を条件に家の延長保証を長期間提供する住宅事業者も増えています。

残価設定型住宅ローンを借り入れれば、オプション維持のために定期点検や必要不可欠な修繕の実施がある意味で義務化されますので、結果的に家の価値を長く維持することが可能になるわけです。

(4) 賃貸の用に供することが可能な状態の維持

最後に、当然のことながら、焼失、災害等により損壊して家に住めない状態になったり、法令が変わって売買や賃貸の取引が制限されたりしたときは、オプション行使はできません。違法な増改築を行ったり、内部を店舗に改造したりしたときも同様です。

2 どんな住宅ローンにもオプションはつけられますか？

ＪＴＩの残価保証を活用した残価設定型住宅ローンは、ＪＴＩが指定金融機関として認めたモーゲージバンク（フラット35等、住宅金融支援機構の住宅ローンを取り扱う金融機関）か、銀行等の民間金融機関に限られています。これは、次のような理由によります。

(1) 返済額軽減オプションに対応する必要

返済額軽減オプションは、残価設定月以降に当初の住宅ローンを、返済額を圧縮したノンリコース・死亡時一括償還型の住宅ローンに変更する権利です。そして、金融機関がこのような権利を借入時点で借主に付与できるのは、残価設定月以降にＪＴＩが住宅を必ず住宅ローンの残高と同じ金額で買い取ることを引き受けているからです。このため、返済額軽減オプションの提供にあたっては、ＪＴＩの残価保証が信用に足るものかを、金融機関自身がしっかり確認する必要があるわけです。

(2) 残価保証に関するリスク審査が必要

ＪＴＩの残価保証は、非常に複雑な仕組みにもとづいて、保証提供に伴うリスクを限りなくゼロに近づける工夫が何重にも施されています（詳しくは第5章6）。最終的には、国が設定した債務保証基金が支えとなっていますが（第4章10(4)）、それ以前に何段階ものクッションを設けることで、ＪＴＩが本当に借り上げ家賃を支払えなくなるきわめて例外的な状況を除けば、基金が必要となることがないように設計されているわけです。一方、万が一この設計に間違いがあり、金融機関がそれを見落としていたという場合であっても、そのリスクを負担するのは住宅ローンの借主ではなく金融機関なので、顧客に影響が及ぶことはありません。

そうであればこそ、残価設定型住宅ローンを提供する金融機関がＪＴＩの残価保証のリスクを審査するにあたっては、全体の仕組みを詳しく検討して問題がないことをよく理解する必要があります。しかし、そのためには金融機関の側にも相応の専門知識が必要です。すでに述べたように、ここまでに、先に名前を挙げた1社2行がＪＴＩの仕組みを問題ないと判断してくれています（第2章2(3)）。

(3) 新しいビジネスモデルの採用が必要

金融機関を指定する仕組みを採用したことには、もう一つ別の配慮があります。

前節で説明したように、残価設定型住宅ローンは、現時点では特定の住宅事業者が施工した認定長期優良住宅でないと借りることができませんので、これまでの住宅ローンのように金融機関の全支店で一般的に扱うことが困難です。一方、住宅事業者は残価設定型住宅ローンが借りられることを自分たちの家の差別化要素として活用しますので、ちょうど、自動車会社が、販売のために系列ファイナンス会社に残クレを独占的に取り扱わせているように、特定の住宅事業者向けに残価設定型住宅ローンを貸し出す金融機関は、あたかも住宅事業者を支店のように見立てて安定的に案件を獲得することができます。

一度そういう関係ができてしまうと、住宅事業者としては、取り扱う金融機関を増やすよりは、数を限定して自分たちの販売戦略に応じた対応をしてもらうほうが、メリットが大きくなりますし、金融機関の側もある程度独占的に案件を確保できるため、収益性を維持しながら魅力的な条件を提示することが可能となります。

このように、残価設定型住宅ローンのビジネスモデルは、従来の住宅ローンとは大きく異なりますので、これに戦略的に取り組もうとする金融機関でないとうまく対応できないのです。この点については、第7章2で詳しく説明します。

column 13　取扱金融機関を増やすことの難しさ

ここまでの経験では、指定金融機関の数を増やすうえで、前記の⑶が非常に大きな障害ではないかと思っています。

実は、JTIがマイホーム借上げ制度を立ち上げた直後には、地方への住み替えの支援をするということもあって、多くの地方銀行が協賛してくれたのですが、ゼロ金利が続いて収益環境が悪化すると、協賛しても具体的な儲けにつながらないという理由ですべて協賛を降りてしまいました。この間、地方銀行こそ、2⑶のようなビジネスモデルを採用して残価設定型住宅ローンを導入すれば、全国に広がる住宅メーカーの顧客を支店網の拡大なく取り込めるというメリットがあるのではないかと、呼びかけたのですが、なにぶん新しい話なので確証を示せるわけでもなく、誰からも受け入れられませんでした。

一方、いわゆるメガバンクの一つもJTIの設立当初から協賛をしてくれたのですが、別の大きな軋轢が生じました。

住宅ローンが残っている状態でJTIのマイホーム借上げ制度を利用したときに、「資金使途変更、つまり、『自己居住用』として借りたものを賃貸という『事業用』に用途変更することになるので、全額返済してください。そうでないなら金利を住宅ローンのそれではなく事業用ローンや資金使途を限定しないローンのそれに引き上げます」という対応を、全国の店舗で一斉に始めたのです。この動きは間もなくメガバンクから地方銀行にまで波及し、最近は、持ち家を貸した場合、これを奇貨として利上げを迫るところがむしろ主流になっています。

もともとマイホーム借上げ制度は、国の住宅政策の基本指針を定める住生活基本法が、長い人生のなかで変化する住生活のニーズに応じた住宅に住み替えていけるようにすることを目標の一つに掲げたことを受けて始まった制度です。そもそも、35年のローンを貸すにあたって、20年前後たてば人生にさまざまな変化が訪れることは金融機関にしても最初から分かっているはずで、途中で家に住まなくなる事情が出たら空き家にせずに賃貸で運用するといったことも含めての「自己居住」であって、それを奇貨として全額返済や利上げを迫るなど言語道断です。

その後、ＪＴＩのマイホーム借上げという公的な仕組みについては、あくまでマイホームの有効活用であって事業転用ではないと認めてくれる銀行が大半になっています。しかし、このメガバンクの態度はかたくなで、むしろ、協賛を降りてしまわれました。

こうした背景から、残価設定型住宅ローンの導入にあたっては、金融機関を広く社団法人の社員として受け入れる協賛の方式を断念し、ＪＴＩの住み替え支援の趣旨に賛同し、協賛社員である住宅メーカーや住宅団体等を通じた新たなビジネスモデルを展開したいという明確な戦略を持つ金融機関を限定的に指定するという制度に変えたのです。それでもなお、ここまでに指定金融機関となった銀行においては、導入までに新しいビジネスモデルを受け入れるために数多くの障害を乗り越える必要がありました。残価設定型住宅ローンを導入するということは、単に新しい住宅ローンの取り扱いを始めるということではないのです。

3　残価設定月はどうやって決まるのですか？

(1) ローンと家の価値の交点

残価設定月は、ＪＴＩが保証する個々の住宅の将来の価値と、ローンの残高が初めて同じ金額になる月のことです。ＪＴＩは、マイホーム借上げ制度を利用すれば「いくらで借り上げることができるか」という将来の想定家賃を基礎に住宅の価値を計算します。

計算にあたっては、非常に保守的な想定をしているため、購入当初は購入価格よりかなり低い金額にしかなりません。しかし、長期優良住宅は非常に長期間賃貸運用することができますので、時間の経過によって価値があまり減少しないという特徴があります。

これに対して、ローンの残高は35年間でゼロになるわけですから、将来のある時点でローンの残高と交叉して、それ以降は家賃から計算した家の価値がローンの残高を上回るようになるのです。この交叉点が残価設定月となります（図表22）。

あくまで経験則ですが、融資比率９割を前提にしますと、全国どこでも、だいたい借りてから20～25年目前後に残価設定月が決まることが多いです。

図表22｜住宅ローンの残高と家の将来価値の交点が残価設定月となる

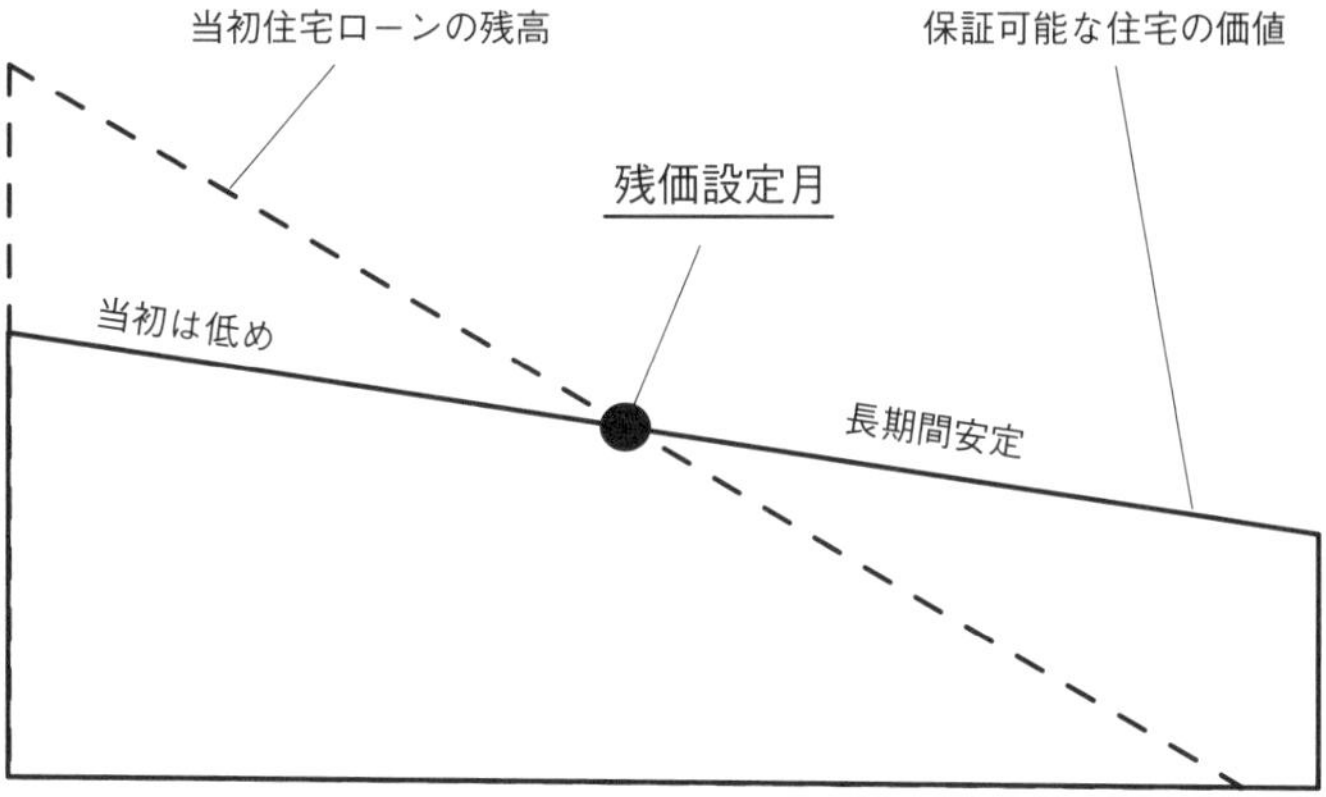

(2) 標準条件による残価査定

残価設定月は家ごとに異なりますので、あらかじめ住宅の営業担当者からの依頼を受けてＪＴＩが査定をします。査定の段階では、ＪＴＩには具体的な顧客の情報は知らされず、物件の情報のみから残価計算に必要な項目の査定を行います。

分譲住宅なら売り出す前に査定をすませていることが多いと思います。注文住宅の場合は、まず、想定プランで計算をしておいて、その後にプランが具体的になってきたところで再度査定を依頼することができます。

(3) 提案書によるシミュレーション

残価設定月は借りるローンの金額や金利、期間によって変わりますので、ローンの条件を変化させて残価設定月やその時点の保証額、返済額軽減オプションを行使したときのローンの返済額等を

図表23　希望する残価設定月から住宅ローンの期間を設定

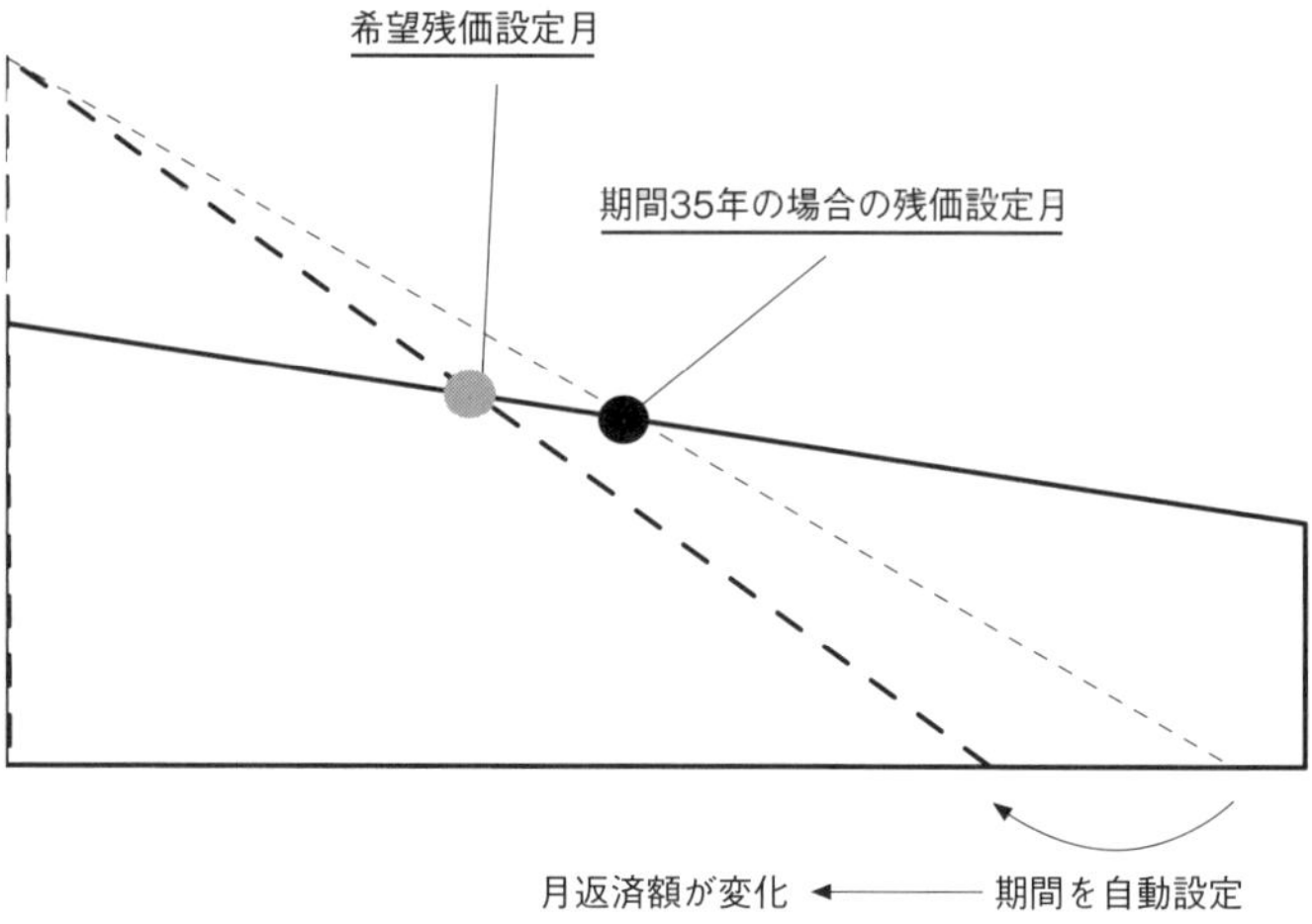

シミュレーションすることができるツールを、個別の案件ごとに査定を依頼した住宅の営業担当者に送付します。営業担当者は、これを用いて顧客のニーズに応じて残価設定月を試算することができます。

(4) 自分で残価設定月を決めることもできる

試算ツールでは、希望する残価設定月を設定し、ローンの借り入れ条件を逆算することもできます。この場合、希望した残価設定月における住宅の将来価値が同月における融資残高となるように、住宅ローンの借入期間を自動設定します（図表23）。

(5) 借り入れ後に金融機関からの残高データにもとづいて正確な計算を実施

注意すべきは、以上はあくまで試算だとい

図表24｜期限前弁済・金利変更に伴う残価設定月の変更

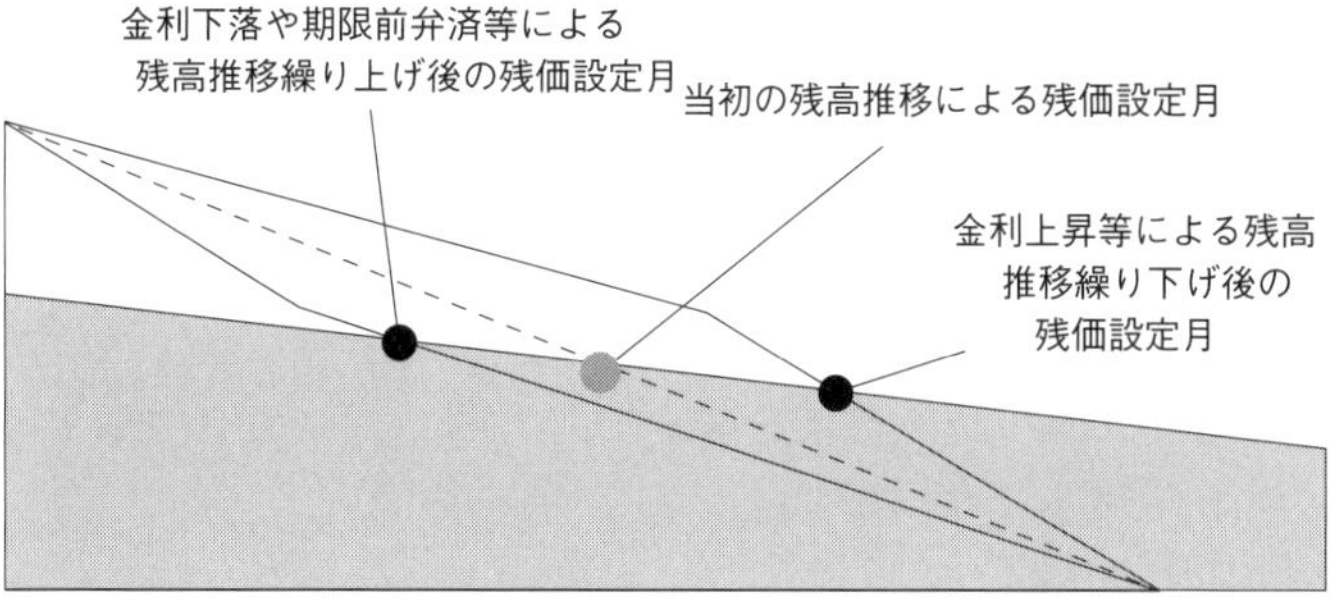

うことです。正確な残価設定月は、ローンを借り入れてから金融機関から送られてくる具体的な残高を用いて最終決定されます。ローンの金利は通常貸出実行時に決定されるため、その時点まで返済額や残高の推移が決まらないからです。

(6) 期限前弁済や金利見直しがあったときは残価設定月も見直し

住宅ローンでは、約定の返済に加えて、元本を多めに返済することにより期限を短縮したり、返済額を圧縮したりすることが容易にできるようにしている場合が多いのですが、期限前弁済をすると残高推移が変化しますので、残価設定月がその分繰り上がります。また、変動金利の住宅ローンについて金利が変わると、毎月の返済額に占める元本の金額が変わります。このため、やはり残高推移が変化することから、残価設定月が変わります（図表24）。

ＪＴＩでは借主から個人情報の利用について事前承諾を得たうえで、金融機関から送られた残高データにもとづいて、残価設定月を再計算します。

4　２つのオプションはどうやって契約するのですか？

(1) 買取オプション

まず、買取オプションはローンの借り入れ条件が確定した時点で、ＪＴＩが顧客に対して買取オプションを供与する旨の証明書（かｅせるオプション証明書（残価設定型））を、住宅の購入者（ローンの借入人）に対して発行します。

(2) 返済額軽減オプション

返済額軽減オプションは、指定金融機関が借入人に対して供与します。具体的には、フラット35のように、当初ローンの貸主が指定金融機関と異なる場合、諾成的消費貸借契約という特殊な契約を用いて残価設定月以降にオプションを行使したときに指定金融機関が借換資金を貸し付ける義務を負担します。一方、民間金融機関の住宅ローンについては、オプションを行使したときには、融資条件を変更する特約を付します。

column 14　諾成的消費貸借契約

諾成的消費貸借契約は、２０１７年の民法（債権法）大改正によって新たに設けられた制度です（民法５８７条の２）。従来の消費貸借は、貸主が資金を実際に借主に貸し付けることで初めて契約が成立することになっていました。これに対し、この制度によれば、書面でする場合に限り、契約時には資金交付をせず、あらかじめ定めた期日や借主が条件を満たして請求したときに貸主が貸し付ける義務を負う仕組みが認められます。

5　残価設定月以降に住み替える場合、買取オプションを行使する必要がありますか？

買取オプションの行使は任意ですが、行使しないときは、住み替え後もローンの返済が続きます。ただし、返済額軽減オプション行使後の返済額は大幅に圧縮されていますので、マイホーム借上げ制度を利用すれば、ほとんどの場合、受け取り家賃でローン返済を十分に賄うことができます。最近は、賃貸運用をすると住宅ローンの金利条件が厳しくなったり、全額返済を迫られたりすることが多いのですが（column 13）、残価設定型住宅ローンについては、マイホーム借上げ制度の利用を指定金融機関があらかじめ認めています。

なお、マイホーム借上げ制度の利用年齢は50歳以上ですが、買取オプションが供与可能な住宅については、年齢制限が撤廃され、さらに、空室時の最低保証家賃の金額を50年間一定金額以上とすることが保証されています。

6 買取オプションを行使した代金はどのように支払われるのですか？

買取オプションを行使した場合の代金はその時点の住宅ローンの残高となり、ローンの完済に全額が当然に充当されますので、清算金等は発生しません。なお、ＪＴＩがローン残高に相当する現金を支払う代わりに、ローン債務をそのまま引き継ぐことも認められています。この場合、それまでの借主は、それ以降一切責任を負担しない免責的債務引受という方法によることになっていますので、結果的には現金でローンを完済してもらったのと同じになります。

column 15 **免責的債務引受**

債権者の承諾を得て、他人の債務を以後自分の債務として引き受ける場合、原則として、元の債務者も債務者の地位に留まり、債務引受をした者と連帯して債務を負担する併存的債務引受が原則なのですが、債権者が承諾するときは、元の債務者を免責し、以後、債務引受をした者のみを債務者とすることができます。これを免責的債務引受といいます（民法４７２条）。

7 残価より高く売れるときはどうなるのですか？

すでに何度か触れているように、買取オプションの行使は権利であって義務ではないため、その時点でローン残高より高く売れるときは、オプションを行使する必要はありません。

残価査定は20年以上先の家の価値を保証するものなので、非常に保守的な想定を置いて算出しています。このため、多くの場合、その時点であらためて査定をしてもらえば、保証額を上回ることが多いと考えられます。それなら、買取オプションに意味がないかというと、そうでもありません。

まず、残価設定型住宅ローンの最大のメリットは、返済額の軽減です。そして、金融機関は買取オプションでＪＴＩが住宅の残価を保証することを前提に、返済額を軽減することを認めているのです。また、保守的な想定にもとづく金額であっても、第三者が必ずローン残高で買い取ってくれることを保証しているなら、少なくともオーバーローンのリスクだけは確実に回避することができます。特に土地の値段は騰落が激しいため、値下がりのリスクは抑えたうえで、値上がりしたときは利益を得られるようにしておくことには、相応の意味があるのです。

8　返済額軽減後はいつ完済するのですか？

返済額軽減オプション行使後は、当初借り入れから50年後までは元本の返済を抑えることで返済額を圧縮し、50年後以降は元本を返済せず金利のみの返済となることから、ローンの残高がゼロになりません。このため、債務者死亡時には、その時点の残高を一括して返済することとなっています。

(1) 余裕があるなら多めに返して残高を減らしていくことは自由

ただし、追加的に元本を返していくことは自由です。もともと、最初に借りたローンの返済程度はするつもりだったのなら、余裕がある間はそうしておけば、当初の期限頃には完済することができます。ただ、義務としてそうせねばならないのと、そうすることもできるというのとでは、万が一のときに大きな違いになるわけです。

(2) 買取オプションの行使

また、残価設定月以降はいつでも買取オプションを行使することができますから、家を手放しさえすればローン債務から逃れることができます。

9　借主が死んだら残された人はどうなるのですか?

(1) 団体信用生命保険はいつまで効きますか?

フラット35にオプションを付帯した残価設定型住宅ローンの場合、団信が付保できるのは、当初ローン（フラット35）だけです。民間金融機関についても原則は同じですが、指定金融機関によっては、オプション行使後も70歳といった一定年齢まで団信の利用を認めています。

(2) 死亡時における買取オプションのみなし行使

前述のように、返済額軽減オプションを行使した後は、期限を定めずに死亡時に残債務を一括して返済することになっています。

具体的には、債務者の死亡によって、相続人が、対象となる住宅と住宅ローンの両方を承継することになり、債務を承継した相続人が一括返済の義務を負担することになるわけです。

しかし、相続人が死亡後一定期間以内に自ら返済しないときは、買取オプションが行使されたとみなしてＪＴＩが家を引き取って返済を肩代わりすることになっています。この結果、相続人自ら家を承継したいとか、自分自身で売却したいと考えない限りは、放っておけば債務が消滅します。これは、すでにみたように（第3章4(2)）、相続した家に住むニーズが昔に比べると少なくなっているという理解によります。

column 16　残価設定型住宅ローンと相続税

本文で述べたように、死亡する前に買取オプションを行使しないときは、とりあえず子ども等の相続人が家と債務を相続することになります。

この場合に気になるのが相続税です。特に、首都圏や大都市のように財産評価が巨額になりがちなところでは、家だけを相続すると相続税の負担が大きくなることがあり得ます。

たとえば、相続人が子どもだけの場合、相続税の基礎控除は３０００万円＋６００万円×相続人の人数ですから、子どもが１人なら、財産の評価額が３６００万円を超えると相続税がかかります（詳しくは、国税庁のｗｅｂサービスであるタックスアンサーNo.4152を参照）。

これに対して、債務である住宅ローンと併せて相続すれば、全体として相続税の対象となる財産の額が少なくなりますから、相続財産の合計額が基礎控除の枠内になったり、そうでなくてもローンの残高×税率分は相続税が減ります。相続対策というよりは、債務が残っているのだからあたり前ということですし、債務を相続させることが常にプラスとは限りませんが、都市部に住まわれている人については意識しておくべき効果かもしれません。

(3)団信が付保できない場合、配偶者は住み続けられますか？

連帯債務者の場合　まず、主たる債務者の配偶者が連帯債務者である場合には、主たる債務者が亡くなっても残された配偶者が亡くなるまでは一括返済を猶予する特例が認められています。もし当初ローンにおいて配偶者が連帯債務者でないときは、返済額軽減オプションの行使時等に、配偶者を連帯債務者として加えることが認められています。

ただし、子どもやその他の共同相続人がいる場合には、遺産分割で配偶者が家の１００％を受け継ぐことにするか、そうでないときは、他の相続人に配偶者が住み続けることに同意してもらう必要があります。土地が値上がりして家を売ってローンを完済してもかなりの金額が残りそうな状況で、他の相続人との調整がうまくいかないと、遺産分割のために売却を迫られて住み続けることが難しくなることもありえます。

column 17　連帯債務・連帯保証の違いと死亡時一括返済

少し難しい話ですが、連帯債務とは、両方が共同で借主となることをいい、貸主は連帯債務者である夫婦のどちらにもローンの返済を全額請求することができます。ただし、団信は、原則として連帯債務者のうち実質的に主たる借主となる者だけが加入することができます。

これに対し、連帯保証は、一方が主たる債務者で他方は保証人という関係になるわけですが、法律上、貸主は主たる債務者と保証人のどちらにもローンの返済を全額請求することができ、保証人は主たる債務者に先に請求してくれとは言えないため、実体は連帯債務とほとんど変わりません。

しかし、リバースモーゲージのように死亡時一括返済の場合は、連帯債務ですと両方が死亡しないと条件を満たさない一方、連帯保証の場合は主たる債務者が亡くなった時点で条件を満たすことになり、一括返済が必要となるため大きな違いが生じます。民間銀行のなかにはこの違いに配慮していないところがありますので、注意する必要があります。

配偶者居住権を遺言で設定しておく　そこで、民法改正により２０２０年に導入された配偶者居住権をあらかじめ配偶者に遺言で設定することにしておけば、配偶者が生きている間は、他の相続人との関係で住み続けることを権利として主張できます（民法１０２８条）。配偶者居住権を登記すれば、そのあとに家を譲り受けた第三者に対しても権利を主張できます。ただし、残価設定型住宅ローンの貸主はもともと抵当権を先に登記していますから、抵当権のほうが優先することには注意が必要です。

column 18　配偶者居住権

結婚して手に入れたマイホームは基本的には夫婦の共同財産です。しかし、日本では家を夫の名義にしていることが多いため、夫の死後他の相続人と争いになり妻が家に住み続けられなくなることがありました。このため、配偶者は、伴侶の死後6カ月間は、他の相続人や受贈者との関係で家に住み続ける権利を有し（配偶者短期居住権）、さらに、故人が死ぬ前に配偶者居住権を与える旨の遺言をしていたときは、配偶者は死ぬまで故人と住んだ家に住み続けることができることになりました（配偶者居住権）。素人目にはあたり前のことのように思えますが、法整備がなされたのはごく最近なのです。

なお、配偶者居住権は配偶者短期居住権と同様、他の相続人や受贈者には当然に主張できますが、家を買い受けた者等、第三者との関係でこれを主張するには登記をせねばなりませんので注意が必要です。なお、配偶者居住権を設定しておくと相続税との関係で有利になる場合があること等から、最近利用が増えているようです。

連帯債務者でない場合　一方、配偶者が連帯債務者でない場合には、主たる債務者が死亡したときに一括返済せねばなりません。もし、一括返済ができなければ買取オプションを行使して家を引き渡すことになり、前述のように配偶者居住権は抵当権に劣後しますので、明け渡しを迫られることになります。もちろん、貸主からしますと、配偶者の返済能力に懸念がない、十分な収入のある子どもが連帯保証をするといった事情があるなら、何が何でも配偶者を追い出してローンを全額返してもらう必然性はありませんから、配偶者が債務を引き受けて住み続けることを認める可能性は十分あると思います。しかし、現在のところは当初からこの点にあらかじめ配慮した仕組みは存在しません。このため、前述のように、配偶者を連帯債務者としたうえで、配偶者居住権を遺言で設定しておくことが望ましいと考えられます。

column 19　金融ジェロントロジー

なお、次に述べるリバースモーゲージについても、団体信用生命保険が付保できないため同じ問題が生じます。このように、高齢期の顧客が関与する金融商品やサービスについて生じる問題やそのあるべき姿について検討する学問領域を「金融ジェロントロジー」といいますが、この研究は日本では非常に立ち後れています。本件に限らず、産学が一体となって知見を深めていくことが望まれるところです。

10　将来のローン負担を軽減するには、残価設定型住宅ローン以外にどんな方法がありますか？

(1) 住み続ける場合①——リバースモーゲージへの借り換え

リバースモーゲージとは？　column 5で少し触れた、リバースモーゲージ（reverse mortgage、逆住宅ローンの意味）は、家を担保にして新たにお金を借りるのですが、生きている間は金利だけ支払って、死亡時に家で元本を返済するという特殊な住宅ローンです。

借主の死亡という、いつかわからない将来の時点で担保がいくらで売れるかというリスクを負担することになるため、民間金融機関の多くは、政府機関である住宅金融支援機構の提供する「リ・バース60」という名前の融資保険（ローンが貸し倒れたときの保険）を利用し、回収リスクをカバーしてもらっています。

column 20 「リバース」の意味

なぜ、リバース（reverse、逆）という言葉を使うかというと、これが生まれた米国では借りるお金を最初に一括してではなく、毎月少しずつもらい、生きている間は金利も含めて一切返済はせずに、年金のように生活費に充て、死亡時に積み上がった元本と利息を家で返済する仕組みが普及しており、ちょうど住宅ローンとお金の動きが反対になるからです。米国でも、日本の住宅金融支援機構にあたる政府系金融機関が提供するものが有名です。

しかし、こうした仕組みだと、借主が長生きした場合に借入元本と利息がどんどん積み上がり、貸す側の負担するリスクが大きいことから、日本では普及していません。また、住宅金融支援機構は、国土交通省の所管ということもあって、リ・バース60を利用したリバースモーゲージは、借りたお金の使い道が、住宅の購入やリフォーム資金、高齢者施設等の入居一時金等、住宅関係のものに限られ、生活費に充てられないという大きな制約があります。

ノンリコース型がある　借主が死亡するとローン債務は相続人が引き継がなければなりませんので、もし、その時点の残高を、家を売った代金で返しきれなければ、相続人が残りを払うことになります。しかし、リ・バース60には、担保不足が出ても相続人が責任を負う必要のないノンリコース型が用意されています。これを使えば、借入金利は高くなりますが、子どもたちに迷惑をかけることなく家を老後の資金として活用できます。

借り換えに使える　リ・バース60は、借りる年齢が60歳以上に限定されますが、住宅ローンの借り換えに使うことができます。そこで、60歳の時点で住宅ローンをリ・バース60に借り換えることができれば、元本の返済が不要になるため返済額を大幅に圧縮できます。

対象となる住宅に制限がない　さらに、残価設定型住宅ローンと比べた場合の最大のメリットは、利用できる住宅に制限がないということです。このため、すでに住宅ローンの残高がある人の対応策として、リバースモーゲージは、非常に効果的ということができます。

でも、全額借り換えは難しい　しかし、実際にローンを借りて25年目前後のローン残高をリバースモーゲージで全額借り換えることは難しいことが多いのです。それは、リバースモーゲージを借りるときの担保評価が非常に厳しいことによります。前述のように、死亡時という、いつになるか分からない将来の一時点で、家を売ってその代金から返済を受けるわけですから、①建物についてはほとんど価値がないという前提で、②土地についても評価時点の市場価値か

図表25｜リバースモーゲージへの借り換え可能年齢試算

		借入年齢			
		30歳	35歳	40歳	45歳
代金に占める土地の比率	40%	60歳	65歳	70歳	75歳
	50%	59歳	64歳	69歳	74歳
	60%	57歳	62歳	67歳	72歳

らみますと4～5割といった非常に厳しい担保掛け目が設定されています。このため、土地の価格の半分程度にまで住宅ローンの残高が減っていない限り、全額借り換えることは難しいわけです。

図表25は、**土地の値段が買ったときから借り換えるときまで変わらない**という前提で、担保評価額を土地評価額の4割（路線価価格の5割程度）として、借入年齢ごとにローン残高の全額をリバースモーゲージで借り換えることができるようになる年齢を調べたものです。

融資比率は代金の9割、ローンの金利は1・5%とし、地域によって家の値段に占める土地代金の比率が違うので、40%、50%、60%という3つの場合を計算しています。この比率は、地方で低め、都市部で高めになります。

これをみると、借り換え可能時期は微妙に定年後になってしまいます。土地の値段が下がるとさらに年齢は遠のきます。

これに対して、残価設定型住宅ローンは、家の利用価値を活用することで、この年齢を5年から10年引き下げることで、ちょうど、役職定年や定年等によって収入が厳しくなるところで全額借り換えをできるようにしたところに、大きな特長があるわけです（図表26）。

図表26｜リバースモーゲージへの借り換えと残価設定型住宅ローン

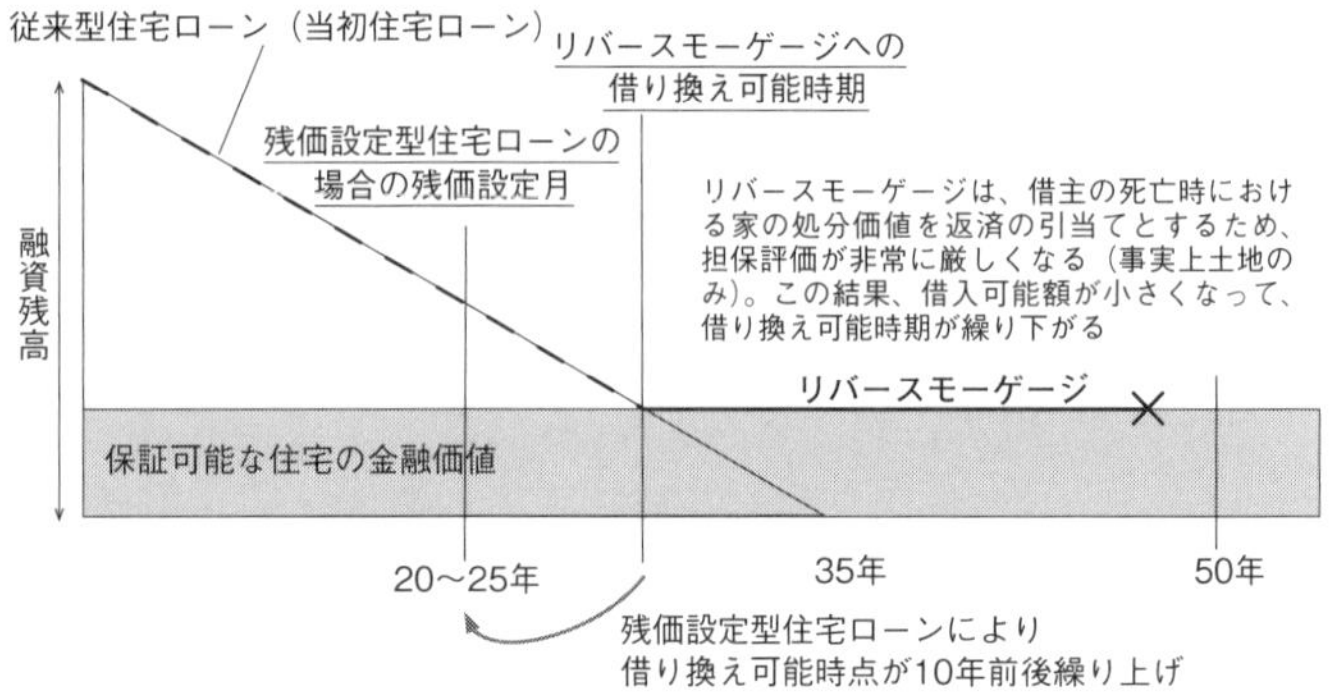

制度が変わるリスク　さらに、これから住宅を買う人については、住宅ローンを借りた時点でリバースモーゲージに借り換えることを保証してもらえるわけではありませんから、実際に借り換える時点で制度が変更・廃止されたり、担保評価が厳しくなったりしているリスクがあります。

筆者は、国の財政事情や長年住宅金融支援機構という組織と付き合ってきた経験から、このリスクを軽視すべきではないと考えています。残価設定型住宅ローンは、借りた段階で、確実に返済額軽減オプションの行使を保証しているところに、もう一つの特長があるわけです。

(2)住み続ける場合②——二段階借り換え

次にもう一つ、少しウルトラCになりますが、50代で一度、期限を延ばした住宅ローンに借り換えること

図表27｜二段階借り換えのイメージ

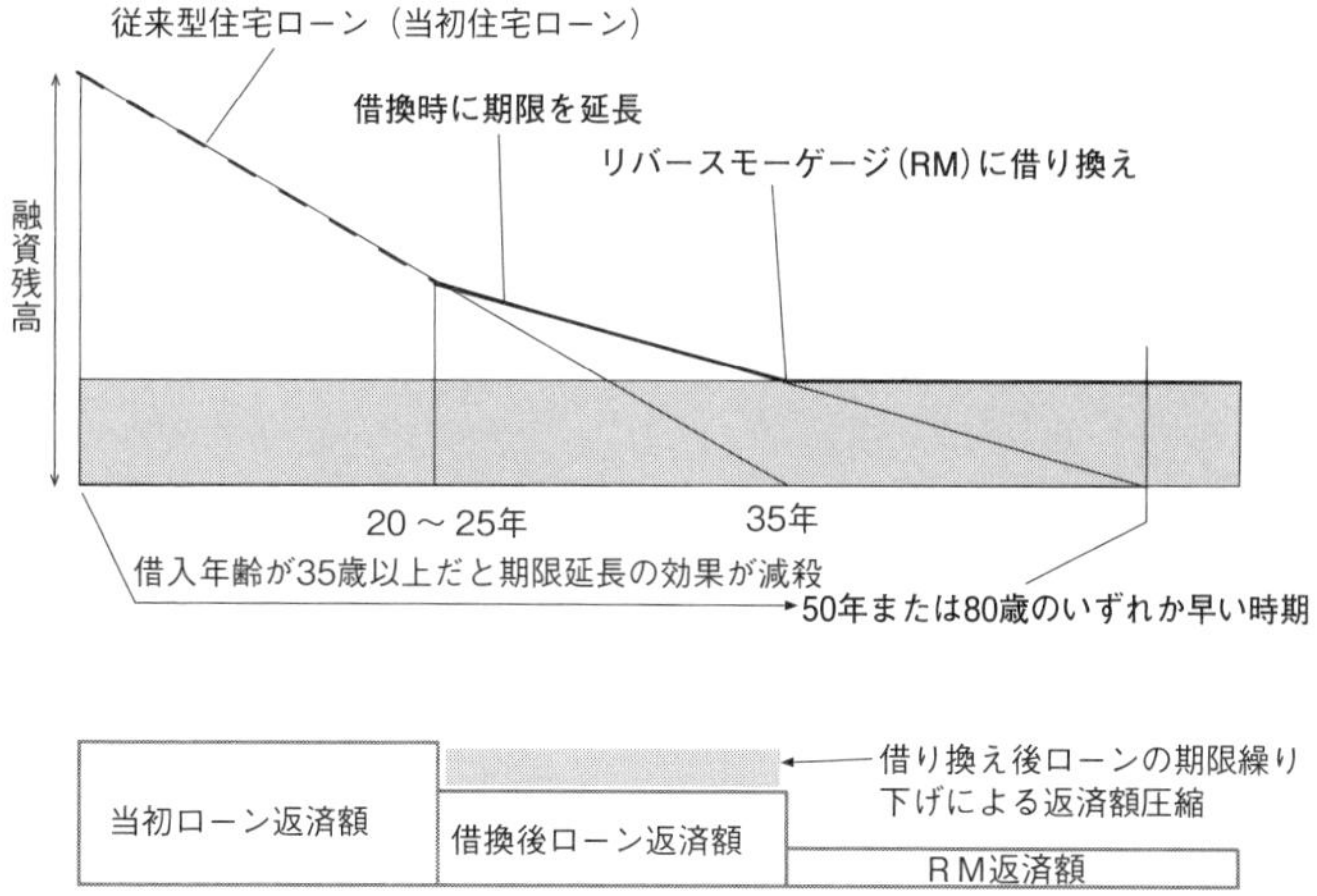

図表28｜二段階借り換えによる返済額の圧縮例

		35歳で借りて55歳で借り換え		借り換えなし
		返済圧縮率	リバモ借り換え可能年齢	
代金に占める土地の比率	40%	22%	73歳	65歳
	50%	22%	72歳	64歳
	60%	22%	70歳	62歳

で返済金額を引き下げて、担保価値が十分になるまでしのいだうえで、残高が十分に減ったところでリバースモーゲージに再度借り換えるということも考えられます。

通常は、借り換えたローンの期限は、元のローンの期限が限界となり期限を延ばすことは認められないのですが、もし期間の延長が認められれば（column 21）、残価設定型住宅ローンほどではないにしても、返済額をある程度圧縮することができます。ただし、そうすると元本の返済が減りますので、リバースモーゲージに借り換えられるようになる時期は、その分遠のいてしまうという問題があります（図表27）。

たとえば、前節と同じ例において、35歳で借りた人が20年経った55歳で期間30年のローンに借り換えると、返済額は22％程度圧縮できますが、リバースモーゲージで全額借り換えられる年齢は、8年近く高齢になってしまいます（図表28）。

column 21 フラット－フラットの借り換えと認定長期優良住宅の特例

住宅金融支援機構のフラット35は35年間金利が変わりませんので、借りたあとに市場金利が下がっても高いままの金利を払い続けることになります。このため、改めて審査を受けて抵当権の登記をやり直すといったコストはかかりますが、金利が低くなったフラット35を借り直して高い金利のフラット35を返済する借り換えが認められています。

普通は、高い金利のローンを返してもらって低い金利で貸し直すと調達の金利との利ざやが縮まって貸主は損害を被るのですが、フラット35については、証券化といって、多くのローンをまとめて証券に変換し、証券会社を通じて保険会社や銀行といった機関投資家に売却することで資金調達をしていますので、借り換えで高い金利のローンが返ってきても、そのお金を投資家にパススルーするだけですむのです。

一方、投資家のほうは、高度な運用ノウハウを有していますので、金利が下がれば期限前弁済が起こるということを前提に証券の条件を決めて引き受けていますし、デリバティブ等でリスクヘッジしたり、証券を売却することで早めに損切りをしたりすることにより、期限前弁済による損失を最小限にすることができるわけです。

ところで、フラット—フラットの借り換えについても、本文で述べたように期限の実質的な延長はできません。しかし、2022年に認められた特例で、担保住宅が認定長期優良住宅の場合は、前のローンと新しいローンの期間の合計が50年（完済年齢が80歳を越えるときは80歳まで）になるまで、新しいローンの期間を延ばすことができます。この特例を使えば、期間を実質的に長くすることで、月返済額を圧縮することができるわけです。

借入年齢が高齢だと効果がない　さらにこの方法は、借り換えローンの完済時年齢に制限があるため、最初に借り入れるときの年齢が若い場合でないと借入期間を伸ばすことができず、当座の返済額圧縮効果がないか、かなり小さくなります。これに対して、残価設定型住宅ローン

図表29 ｜ セール・リースバックによる住宅ローン返済のイメージ

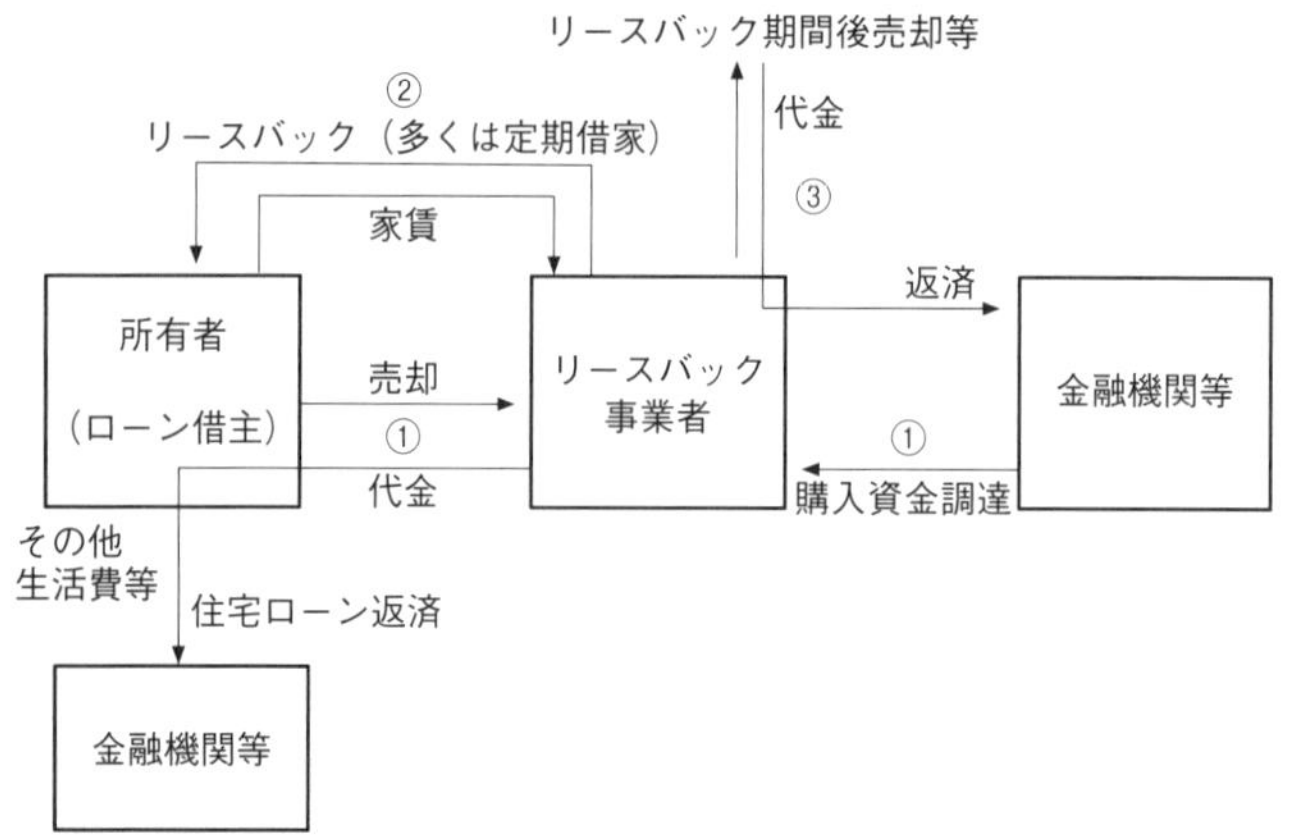

は、住宅の運用価値を利用して返済額軽減を行うので、借入人の年齢から影響を受けません。

ノンリコース化は無理　民間金融機関についても返済額軽減オプション付きの住宅ローンを開発すれば、その限りで、残価設定型住宅ローンと同じになります。しかし、それだけでは、残価設定月以降、買取オプションを通じて事実上ノンリコース型とすることはできません。

借主からしますと、さまざまなライフチェンジに際して、家を手放せばローンが残らないという選択肢を確保することは重要ですし、金融機関からしても、返済を長期化させるにあたっては、債権保全上の手当てが必須ですので、買取オプションの裏付けなしに、返済額軽減オプションだけがついた住宅ローンを提供することには相応のハードルがあると思われます。

⑶住み続ける場合③――セール・リースバック

セール・リースバックの仕組み　セール・リースバックは、不動産事業者に家を売却し（セール）、売却代金で住宅ローンを返済したうえで、買主から賃借することにより（リースバック）住み続けることができる仕組みです。リバースモーゲージのように死亡時の処分代金で返してもらうというかたちですと、非常に保守的な担保評価になるため、どうせ処分してよいなら今の価格で先に処分して代金をもらう一方、引き続き賃借することで、家賃を払えば住み続けられるようにしたほうがよいという発想です。

最近は住宅ローン返済に使う例も　この仕組みは、もともとは、家を相続させるつもりのない高齢者が売却代金を生活費等に使うことを想定した、リバースモーゲージの代替的仕組みとして登場しました。ところが、最近は、老後に収入が減って返済が厳しくなった売却代金を借り入れの返済に充てる目的で利用する例が増えているようです（図表29）。

column 22　**セール・リースバックの由来**

もともとセール・リースバックは、業況の悪化した企業が、古くから保有していて売れば大きな利益が出る本社社屋等を不動産事業者に売却し、同時に、賃借し直すことで「益出し」をして収益を改善するための手法として用いられていたものです。これを、老後に、相続させるあてのない自宅を売却することで「資金の捻出」や「住宅ローンの返済」をするための仕組みにあてはめたのが住宅のセール・リースバックということができます。

セール・リースバックによるローン返済のメカニズム　売却代金でローンを返せたとしても、家賃を払うのでは楽にならないではないかと思われるかもしれません。しかし、必ずしもそうではないところにこの仕組みの面白い点があります。

　たとえば、売主が最初に家を購入したときに２５００万円を金利２％、期間35年で借りたとしますと、月の返済額は35年間ずっと７万６５００円ですが、25年目には８５３万円程度に残高が減っています。この時点で事業者が買う場合、まず、家の価値はほぼゼロ評価ですので、もし土地の評価額が１０００万円程度だとすれば、事業者はこの金額を銀行等から借り入れて購入することになります。この結果、返済負担は、売主がそれまでに返していた７万円よりはずっと少なくてすみます。

　このため、売主にリースバックする家賃を現在の返済額である７万６５００円より安い家賃で借主に賃貸したとしても十分に収益が上げられるのです。

　もちろん、常にそうなるとは限りませんが、ローン残高がある程度少なくなっていれば、そうなる場合が多いと考えられます。そのうえで、賃貸借は定期借家契約という借主に更新権のない仕組みを利用しておき、期限に出て行ってもらうことで確実に次のビジネスのための土地を仕込むことができるようにするわけです。

column 23　普通借家と定期借家

家の賃貸借は民法の特別法である借地借家法という法律で借主が不当に家を追い出されることがないように、貸主が期限の1年前から6カ月前までの間に解約の申入れをしなかったときは自動更新されるとしたうえで、貸主からの解約申入れが許される事由を厳しく制限しています。これを一般に普通借家契約と呼んでいて、更新できる代わりに、ほとんどの場合、契約期間は2年と短く、更新の都度更新料がとられます。

これに対して、借家人に更新権のない定期借家契約も認められていますが、書面で契約書を取り交わしたうえで誤解がないように契約時に定期借家であることを説明する必要があります。

民法の賃貸借には期間の制限がありますが、借家契約の期間は1年以上であれば何年でも構いません。ただし、実際には定期借家であっても3年程度のものが一般的です。どちらの場合も、借主の側から解約することは事実上自由にできます。

終身リースバックは無理　セール・リースバックの本来の趣旨からすれば、リバースモーゲージと同様、売った自宅を借り戻す場合に、終身で借りられるようにすべきです。しかし、現在のところ、終身で賃貸借契約が締結できるのは、高齢者の居住の安定確保に関する法律という法律の要件を満たして事業認可をとったバリアフリー等の手当てがなされた賃貸住宅に限られています。

この要件を満たさない普通の住宅で賃貸借の期限を終身と定めると「期限の定めのない賃貸借」とみなされ、借家人の権利を保護する借地借家法の適用対象外となります。民法によれば、期限の定めのない賃貸借は、いつでも貸主が解約できるため、終身どころか非常に不安定な契約になるのです。

リースバックの期間は事業者側の資金事情で決まる

それなら、貸主に正当事由がないと更新を拒めない普通借家にすればよいわけですが、そうなると、事業者は、いつまでもその家を売れなくなりますし、借家権が相続の対象となるという問題もあります。

そこで、多くの場合、リースバック契約は借主に更新権のない定期借家とします。可能なら再契約してもらえるというかたちになっていますが、事業者が再契約に応じられる期間は、事業者自身が購入のために借り入れたお金の返済期限までとなります。もし返済期限に、改めて資金を借りることができないと、事業者自身が、家を売って資金回収する必要があるからです。つまり、買い手となる事業者がどの程度の期間、安定的に購入資金の融資を受けられるかでリースバックの期間が決まってくるわけです。こうした事情もあって、定期借家の期間は3年程度になっている事例が多いのが現実です。

これまでは、ゼロ金利・金融緩和政策が続いていたこともあって、購入資金の借り換えが難なくできていたので、入居者（もとのローン借主）がもう少し住んでいたいというニーズがあれば、それに応じることができました。しかし、金融緩和政策が修正を迫られている今、購入資金を借り入れに依存しているリースバック事業者の資金繰りは徐々に厳しくなることが予想されます。すでに、コロナ禍を経るなかで事業者によっては、借り換えをしてもらえずに、家の売却を迫られ、期限に入居者に退居を迫らざるをえない事例も出ているようです。もともとそういう約束だったといえばそれまでですが、現状はリースバック業には明確な規制がないことから、実施時の説明が曖昧でトラブルとなる事案もあるようです。

(4) 住み替える場合——マイホーム借上げ制度

これまで、家に住み続ける前提で考えてきましたが、住み替えるなら貸すという別の選択肢が可能です。実は、築後20年程度をすぎると、家は売ると二束三文の値段しかつかないことが多いのですが、貸せば、そこそこの家賃をとることができます。

たとえば、皆さんが家を買う場合、築後年数が20年の家か、30年の家かは大きな違いになります。しかし、見るからにボロ屋ということでない限り、家を借りるにあたり築後年数で家賃が大きく変わることはありません。むしろ、壁紙を貼り替えて畳を取り換えた築後30年の家と、前の入居者が出ていってクリーニングをしただけの築後20年の家なら、前者の家賃のほうが高くなることすらあるのです。

この結果、築後20年程度をすぎた家は、すぐに売っても、そこから10年後に売っても売値に

図表30｜マイホーム借上げ制度

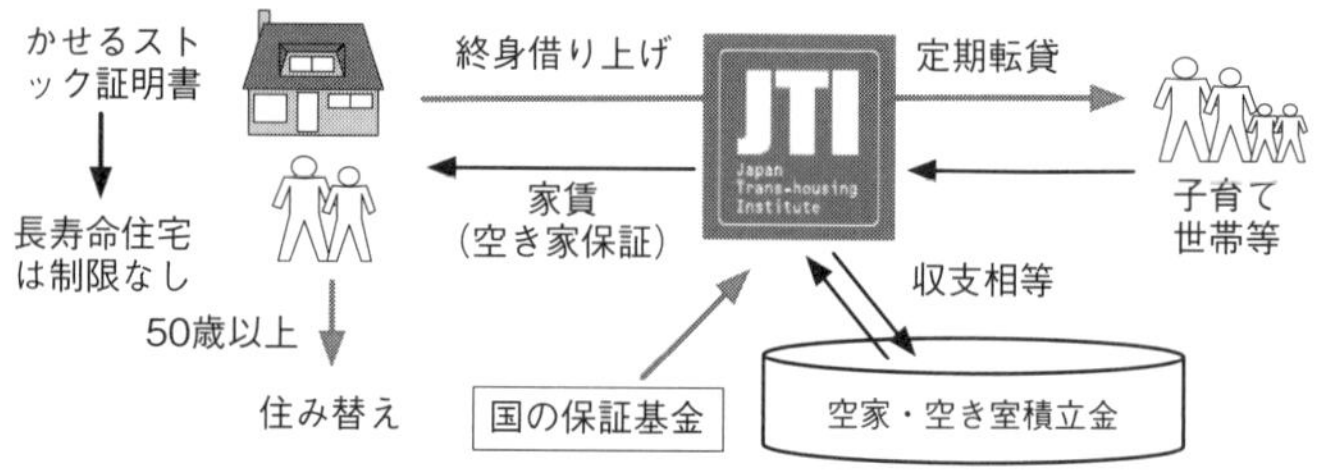

大きな差はない（どっちにしても、ほとんどが土地代）一方で、その間に10年間賃貸運用すれば、地方ですと土地代に匹敵するぐらいの家賃が得られることが稀ではありません。

しかし、個人が自宅を賃貸運用することは、入居者のクレームに対応したり、退去後の再募集を行ったりといった手間が想像以上に大変です。さらに、普通借家にしてしまいますと、正当事由がないと契約の更新を拒否できないため（column23）、事実上、再び自分が居住したり、売ったりすることが困難になってしまいます。

マイホーム借上げ制度　そこで、大学での研究をもとに筆者が中心になって、非営利法人であるＪＴＩが、50歳以上の方が所有する住まなくなった家を借り上げて、これを次の若い世代を中心に転貸する仕組みを、２００６年に国の支援も得て導入しました。これがマイホーム借上げ制度です。

ちょうど、団塊の世代が引退期に入り、田舎暮らしのような新しい住生活への切り替えが大量に起こるのでは、という期待もあってそこまで住んできたマイホームを売らずにお金に換える方法を提供しようと考えたわけです。

２００８年には、長期優良住宅やこれに準ずる耐久性を有する住宅について、取得時に証明書を発行して50歳という年齢制限を免除する制度を導入しています（第5章5）。借り上げは、終身で行い、家が運用可能である限りＪＴＩの側から解約することはありません。一方、転貸は定期借家で行うことによって、契約の切れ目において貸主の側から借り上げを解約することで、再び居住したり、売ったりすることができるようになっています。

転貸家賃からは管理費のほか空室保証のための積立金が控除されますが、その代わりに転貸借の期限や入居者らかの解約により空き家・空室となったときも、ＪＴＩが一定の家賃を支払いますので家賃収入が途切れません。ＪＴＩの家賃債務は一般財団法人高齢者住宅財団に設定された国の基金により債務保証がなされていますので、事実上、家が一種の年金に変わるわけです（図表30）。

column 24 「空き家」になってからでは遅い賃貸運用

マイホーム借上げ制度を立ち上げたときは、空き家活用にも使えるのではとの期待が高まりました。しかし、ほとんどの人は、親が死んで相続したばかりで人が住まない状態になった家を、当然に「空き家」だとは思いません。通常は、「誰も住んでいないがどうするかは決めていない」状態でそのままにします。統計上はこうした家も「空き家」なのですが、所有者の意識としては

「住んでいない」だけで「空き家」ではないのです。

　ところが、家は人が住んでいないと急速に傷んでしまいます。このため、本来はすぐに住むあてがないなら、貸してでも人に住まわせたほうが確実に長持ちするし、維持や修繕のための資金も手に入るのですが、ほとんどの人は「そこまでする気はない」ということで放置します。そして、人々が家を「空き家」だと認識するようになる頃には相当傷んでしまい、これを賃貸利用するには結構な費用がかかることになります。こうして、結局、何もしないまま、最後は「迷惑空き家」になってしまうわけです。

　筆者がマイホーム借上げ制度を２００６年に始めた当初は、この制度の最大の利点を、国の支援を得た家賃保証だと考えていました。しかし、長くやってみると、それよりも、人が住むことで結局は家が長持ちするという点と、運用にかかるさまざまなトラブルをＪＴＩが処理してくれるという点のほうが大きいと思うようになりました。湿気の多い夏場に窓を開けに行くことを怠れば、すぐに壁紙にカビが生えます。人が住んでいるだけで家の老朽化は随分避けられるのです。

　また、家の運用には、どんなに慎重にしていても、本当にいろいろなトラブルが起こり、ときには訴訟沙汰になることもあります。アパート経営のような事業規模ではなく、住まなくなったマイホームを貸すだけという場合、こうした管理を「おまかせ」にできるということが一番大切なのです。

でも、借り上げ家賃でローンを返すことは難しい　さて、住宅ローンが残った家に住まなくなったときは、借り上げ制度を利用すれば家賃を返済にあてることができます。しかし、家賃の額がローンの返済額に満たないことも少なくありません。そこで、残価設定型住宅ローンの返済額軽減オプションは、オプション行使後に家に住まなくなった場合に、売らずに、マイホーム借上げ制度で運用すれば高い確率で家賃が返済額を上回るような水準となるように設計されています。これにより、残価設定型住宅ローンを借りておけば、住まなくなってもローンを家賃で返済し、多くの場合は、多少の利益も得ることができるわけです。

マイホーム借上げ制度は残価設定型住宅ローンを支えるエンジン　実は、残価設定型住宅ローンを支えるもう一つの柱である買取オプションは、家の賃貸価値が処分価値に比べて大きな場合が多く、さらに、地方差が少なく経済環境の影響を地価のように大きく受けることなく安定しているという性質を活用しています。このために、「家の賃貸価値を実現するエンジン」としてマイホーム借上げ制度が存在するわけです。この点については、章を改めて詳しく説明することにしましょう。

第5章

何年も先の住宅の価格を保証できるのはなぜですか？

残価保証というが、20年以上先の住宅の価格をあらかじめ保証することなどできるのか？　ここまで読んできて疑問や不安を感じた方は少なくないでしょう。そこで、本章では、JTIによる残価保証の「種と仕掛け」を説明することにしたいと思います。

1　最先端の住宅ローン技術？

一般に、金融技術というとデリバティブやビットコインといった最先端のものに焦点があたりがちです。これに対して「最先端の住宅ローン技術」といわれてもイメージが浮かばないのではないでしょうか。しかし、住宅の将来価値を買った時点で保証するということは、「言うは易し行うは難し」です。

先端金融技術の本場である米国や欧州にも、ノンリコース型の住宅ローンはありますが、残価設定型住宅ローンの仕組みは筆者の知る限り存在しません。このため、読者のなかには本当に大丈夫なのかと心配される方もいるでしょう。そこで、本章では、何年も先の住宅の価値を保証するための「最先端」の仕組みを素人の方でもある程度理解できるように、直感的に説明することにしたいと思います（根幹となる技術は筆者が発明者となって特許を取得していますので、詳細は政府の特許情報プラットフォームで見ることができます）。

残価保証の仕組みを構築するには、以下のような複数のブレークスルーが必要でした。

①収益還元価値への注目
②実現できる収益還元価値という発想
③非営利法人による残価保証の提供

④かせるストック証明書（定額型）と郵便番号別事前査定
⑤複線的リスク管理
⑥ネットワーク型の業務システム

以下、これらを順番に説明します。

2　出発点——収益還元価値への注目

すでにみてきたように、一般の住宅ローンやリバースモーゲージは、住宅を市場で売却した処分価値に保守的な掛け目を乗じた金額を担保の価値として考えています。しかし、残価保証を同じ発想で行おうとすると隘路に行き当たります。残価保証を行うにあたっては、以下に説明するように住宅の収益還元価値に注目することが出発点となります。

⑴いくらで売れるか（処分価値）

処分価値　家の値段は、家の価値と土地の価値を合計したものだという考え方は一見あたり前に思えます。でもよく考えてみると、家が建っている土地は自由に使えないのですから、更地（建物・建築物等がなく、借地権など使用収益を制約する権利もついていない土地）の値段よりは安く評価すべきです。ところが、わが国では、家があっても、多くの場合、土地は更地並みの価格で評価します。そうすると、日本の中古住宅は割高かというとそうでもありません。築後20年程度をすぎた家の価値は、本来の物理的な価値よりはかなり低くしか評価されないからです。

(2) 家の処分価値が低くなる背景

① 物理価値に比べて利用価値が低い　この背景には、買う側が多くの場合「住宅」の物理的な価値を正当に評価せず「家を取り壊して更地にしたときの価値」と考える事情があります。

仮に家の物理価値、すなわち構造・躯体がまだまだもつとしても、内装・設備は20年もすればさすがにそろそろ寿命です。これまで住んできた人にとっては「まだ住める」状態だとしても、買った人がここから新たに20年間住むためには相応に大規模な修繕が必要となります。

このように、中古住宅は仮に物理価値があっても、新たに家を買うという立場からみた「利用価値」はゼロに近いのです。人は、物理的な家に値段をつけるのではなく、「住まい」に値段をつけるのだとすれば、利用価値がゼロなら物理的な躯体がまだもつというだけでは高い値段はつけられません。これに対して、土地は家のように減耗することがありません。

こうしてみると、当事者が中古住宅を、「直せばまだ利用することのできる家とそのための敷地」ではなく、「お金をかけないと住めない家を取り壊して更地にしたときの価値」で取引することには、相応に合理性があるともいえるのです。

② 金融機関の担保評価が低い　もう一つ、本質的ではないが案外重要な理由として、買主が中

古住宅の購入で住宅ローンを組む場合に、銀行等の貸主が築後20年を超えた家の担保価値はよほど例外的な事情がないと非常に保守的な評価しかせず、事実上、土地代にしか融資が受けられないという点があげられます。

筆者が若いときに担保評価を教わったときは、木造住宅の耐用年数を19年としていました。最近も、筆者が知り得た限りでは、木造やいわゆるプレハブと呼ばれる軽量鉄骨造の場合、20年後の残価率を10％程度として保守的な評価をしていることが多いようです。

もしそうだとすると、中古住宅の担保評価は非常に低くなりますので、借りられる住宅ローンの金額にも大きな制約が生じてしまいます。このため、それ以上の値段をつけても売れないということになってしまうわけです。

③取り壊して新築させたほうが儲かる　最後に、より現実的な理由として、事業者からすると、中古住宅の買主がそこに住むよりは、取り壊して新しい家を建ててくれたほうが、収益機会が広がるということがあります。

こうしたさまざまな事情から、中古住宅は「住宅」ではなく「古屋付土地」として評価されることが多いのです。この結果、家は「住みたければまだ住める古家」として扱われるか、下手をすると、更地にするために取り壊し費用がかかる負の資産になってしまうわけです。

これに対して、国は中古住宅流通の健全化をうたって家の価値がより正しく評価されるようさまざまな施策を講じています。しかし、状況は必ずしも改善していません。

column 25　家を建ててから壊すまでの期間

こうした事情もあってか、わが国では家を建ててから取り壊すまでの期間が約38年と、欧米に比べると非常に短いことが問題視されています（図表31）。

これは、日本の家が頑丈でないからというよりは、前述のように、家に再投資をして、物理的な価値どおりに複数の世代で活用するための仕組みが存在しないことに大きな原因があるというのが筆者の考えです。

そういう仕組みがないと、仮に構造躯体が１００年もつ長寿命住宅をつくっても、やはり設備内装が寿命を迎えたところで「古家」扱いされる可能性が高いのです。

図表31　滅失住宅の平均築後年数の国際比較

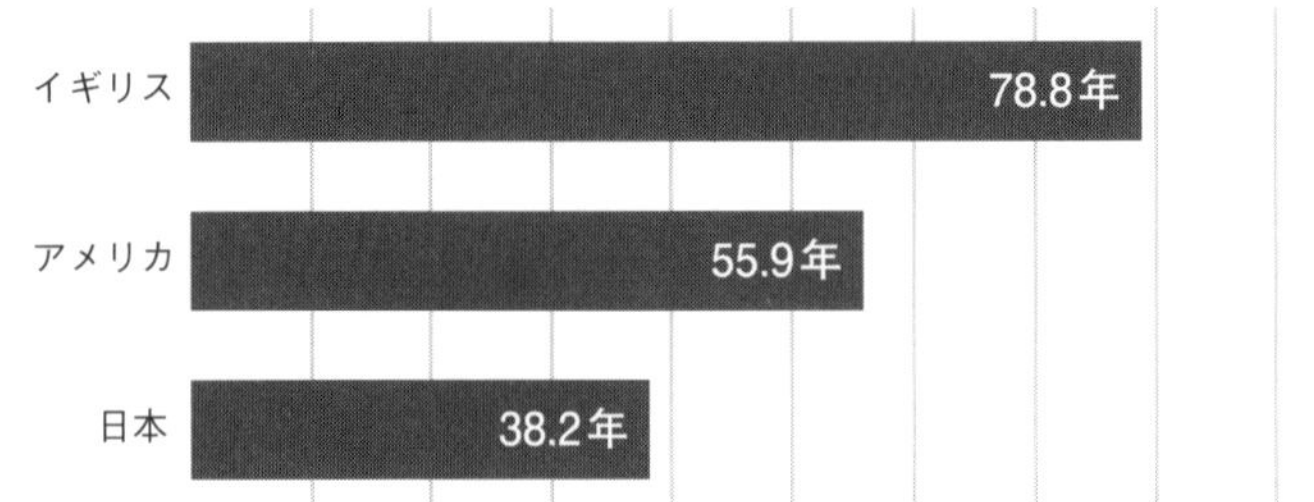

（出所）国土交通省「令和3年度住宅経済関連データ」

⑶原価法とその限界

これに対して、火災保険の保険価額の計算や不動産鑑定における代表的な建物の評価方法に**原価法**というものがあります。これは、評価対象の住宅をつくるための原価を出発点とし、築年数に応じて価値を減少させることで建物の価値を求めるものです。ただし、単純に取得時点のコストを出発点にすると物価や材料費の変動が勘案されないので、同じ建物を今つくったらいくらかかるか（再調達原価といいます）を再計算します。

長期優良住宅は高い価値　長期優良住宅は、スケルトン（構造・躯体）部分について一般の住宅の3倍程度の寿命を見込んでいますので、原価法で評価すれば高い評価が得られます。

しかし、前節でみたように、実際の取引では、住宅の物理的価値ではなく「住まい」としての利用価値を評価することになるため、長期優良住宅であっても、中古住宅の処分価格は多くの場合、原価法で計算した評価額より低めになるのが現実です。このため、後述するように、大手住宅メーカーは自分たちの施工した長期優良住宅について、原価法にもとづいた手法で評価するスムストック査定と呼ばれる評価方法を推進しています（column 27）。

一方、仮に原価法で正当に評価してもらえたとしても、長期優良住宅でない一般住宅に関する限り、通常は、想定耐用年数を25～30年として計算しますので、あまり高い評価は得られません（図表17）。

図表32　住宅の公示地価平均（全国）の変動率推移（地価公示の年別）

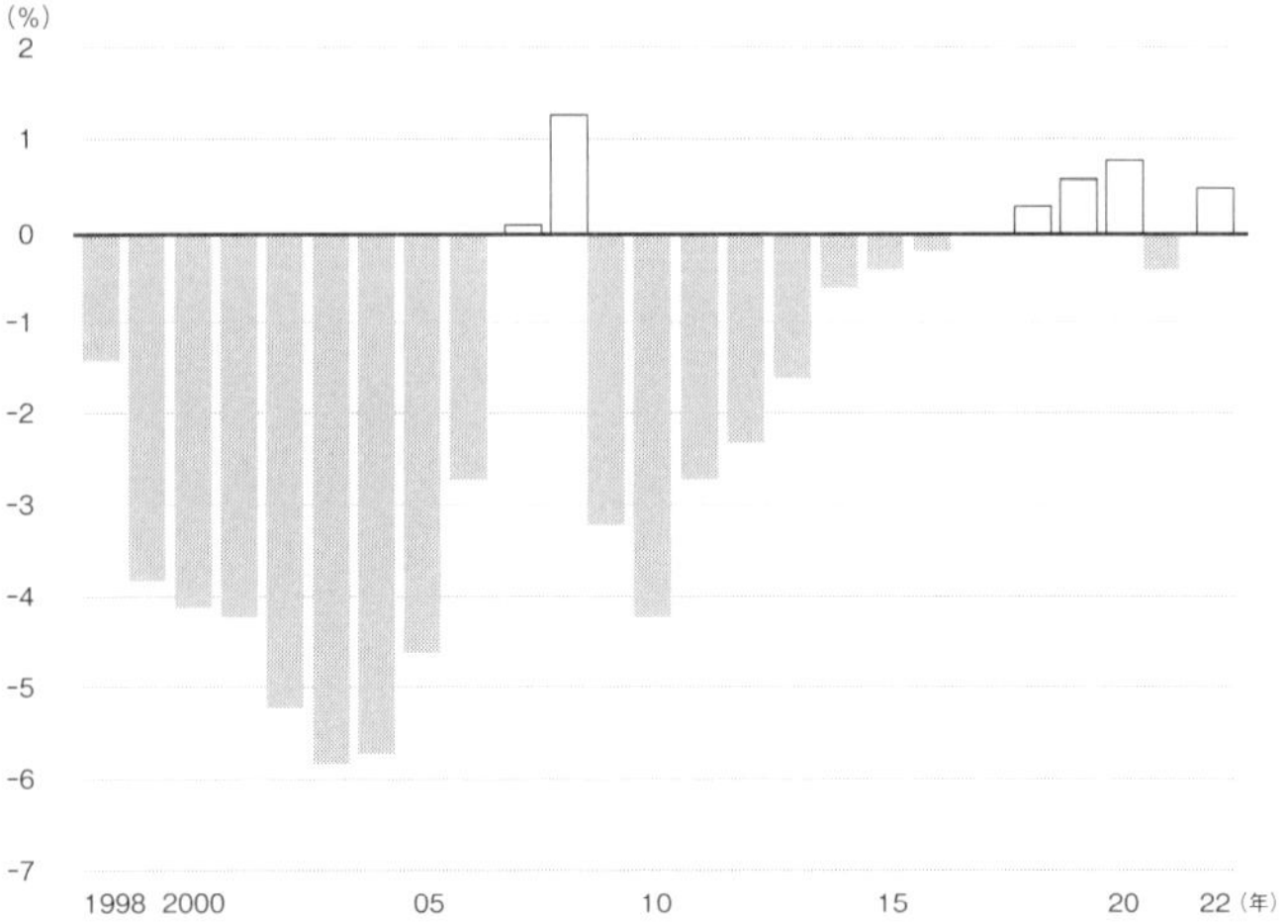

(4) 地価は騰落が激しくかつ下落傾向

こうして、市場の現実を前提にしますと、20～25年を経過した住宅の価値は、そのほとんどが土地となりますので、住宅の残価を保証することは、将来の土地の値段を保証することと重なってきます。しかし、過去25年間の地価の変動を調べてみますと、下落している年が多いうえに、変動の幅が非常に大きいことが分かります（図表32）。

また、日本の人口は、２０１５年を１００とすると、２０４５年には全国平均で72程度になると予想されています。図表33は、全国の各市区町村に関する同じ数値の分布を調べたものです。これをみると、日本のほとんどの地域で人口減が見込まれることが分かります。

図表33｜2045年の地域別将来人口(2015年=100)の分布

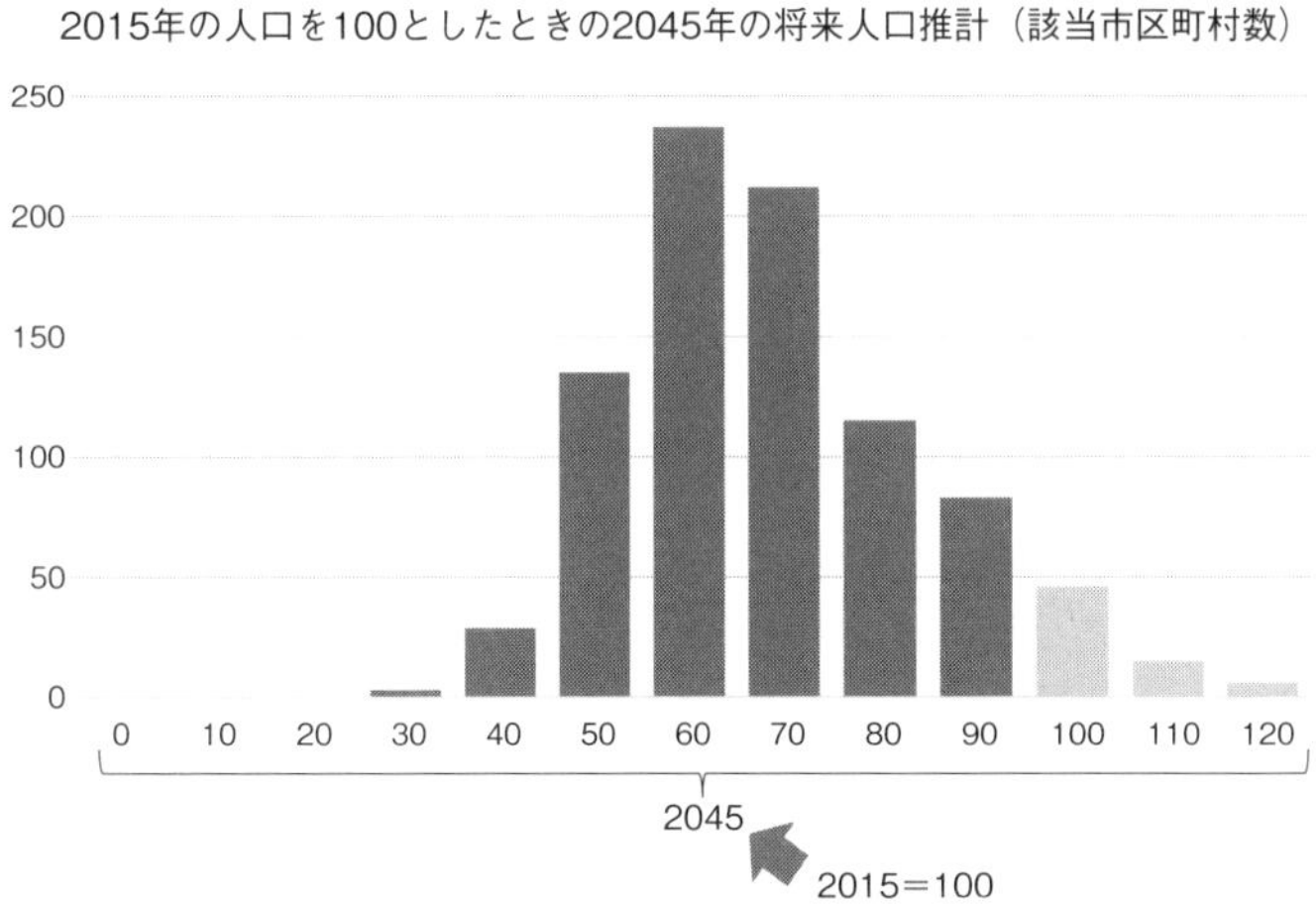

（出所）国立社会保障・人口問題研究所「日本の地域別将来推計人口」（2018）より作成

図表34｜原価法による住宅の残価とローン残高のギャップ

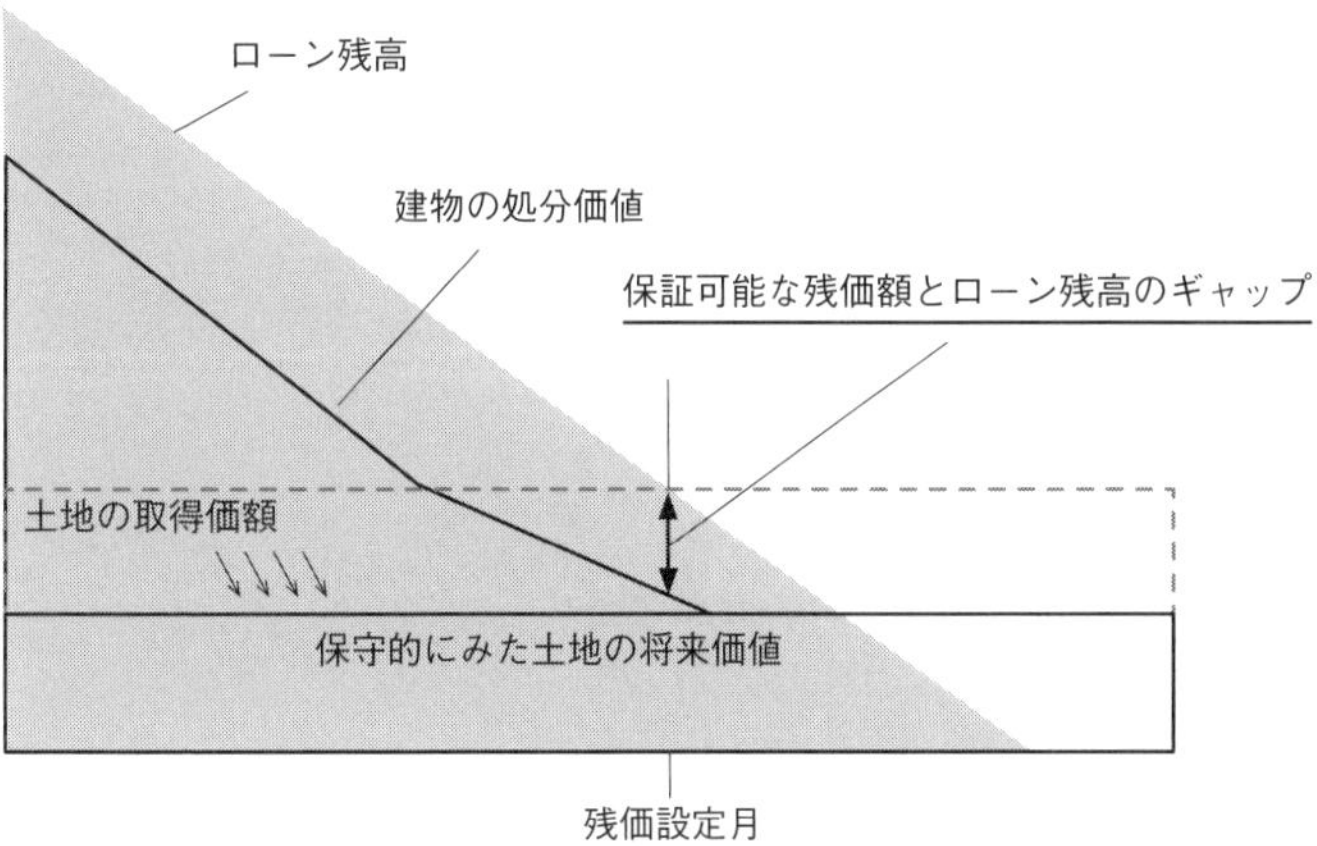

住む人が減れば、その地域の経済活動もそれに見合って縮小せざるをえませんから、土地の価値もそれにつれて下落する可能性が高いでしょう。この点からも、「将来いくらで買い取るか」を保証する場合、地価が「下振れ」するリスクをかなり保守的に見込んでおく必要があります。

もし、土地の価値を取得時の価値よりもかなり保守的に見積もらざるをえないということになると、保証可能な残価額は、その時点のローン残高を大幅に下回ってしまいます（図表34）。column 5で紹介した自動車残クレ型の残価設定型住宅ローンの借入可能地域を東京や神奈川の一部地域のように地価の下落リスクが少ないところに限定せざるをえない背後には、そうした事情があるわけです。

(5) いくらで貸せるか（収益還元価値）

収益還元法　このように、住宅の残価を処分価値で保証することには限界があります。しかし、住宅の価格を評価するには、もう一つ別の方法があります。収益還元法と呼ばれる方法です。ＤＣＦ法（discount cash flow method）ともいいます。

この方法は、家が利用できる期間については建物と土地を分離せず、家の価値を、「住まい」として利用した場合に得られる価値、すなわち、家賃の合計と考え、これに、家が利用できなくなった時点で土地を売ることで得られる収入を加えたものを住宅の価格と考えます。ただし、

図表35 | 収益還元価値のイメージ

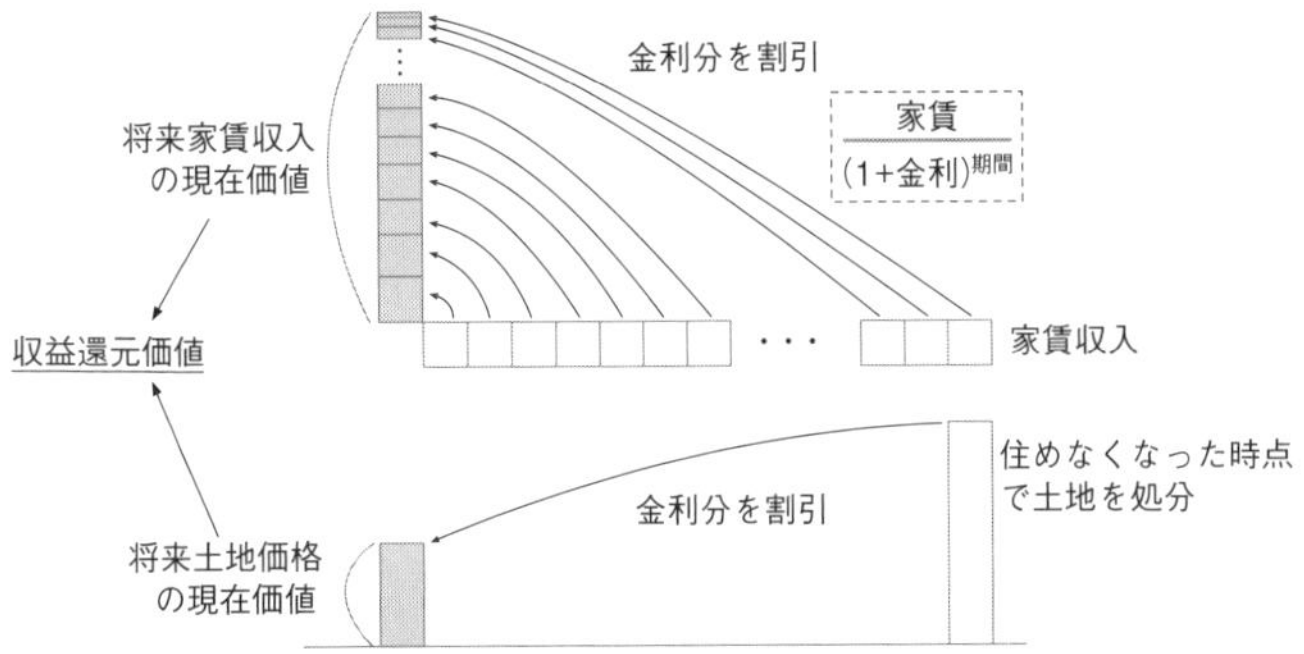

将来の家賃や土地の代金は、今すぐに手に入るお金ではないので、現時点で評価額を示すにあたっては、とりあえず借金をして先に代金を支払うと考えて計算する必要があります。このため、将来の現金収入の単純合計から借金の金利分を割り引いた金額が住宅の価値ということになります。

　このように将来実現する価値から金利分を割り引いたものを現在価値といいます。具体的には、将来の収入額を（1＋金利）^{期間}で割って求めます。

　以上をまとめると、**住宅の収益還元価値は、評価をする時点からそれを貸して家賃を得ることのできる期間についての家賃収入を現在価値にしたものの合計に、期間の最後において土地を売って得られる金額の現在価値を足したもの**となります（図表35）。

　収益還元価値によれば、建物の処分価値が仮にゼロであっても、貸家として運用できるなら、得られる家賃に見合った価値を算出することができます。実際、売値が

図表36｜建物の築後年数と家賃の関係

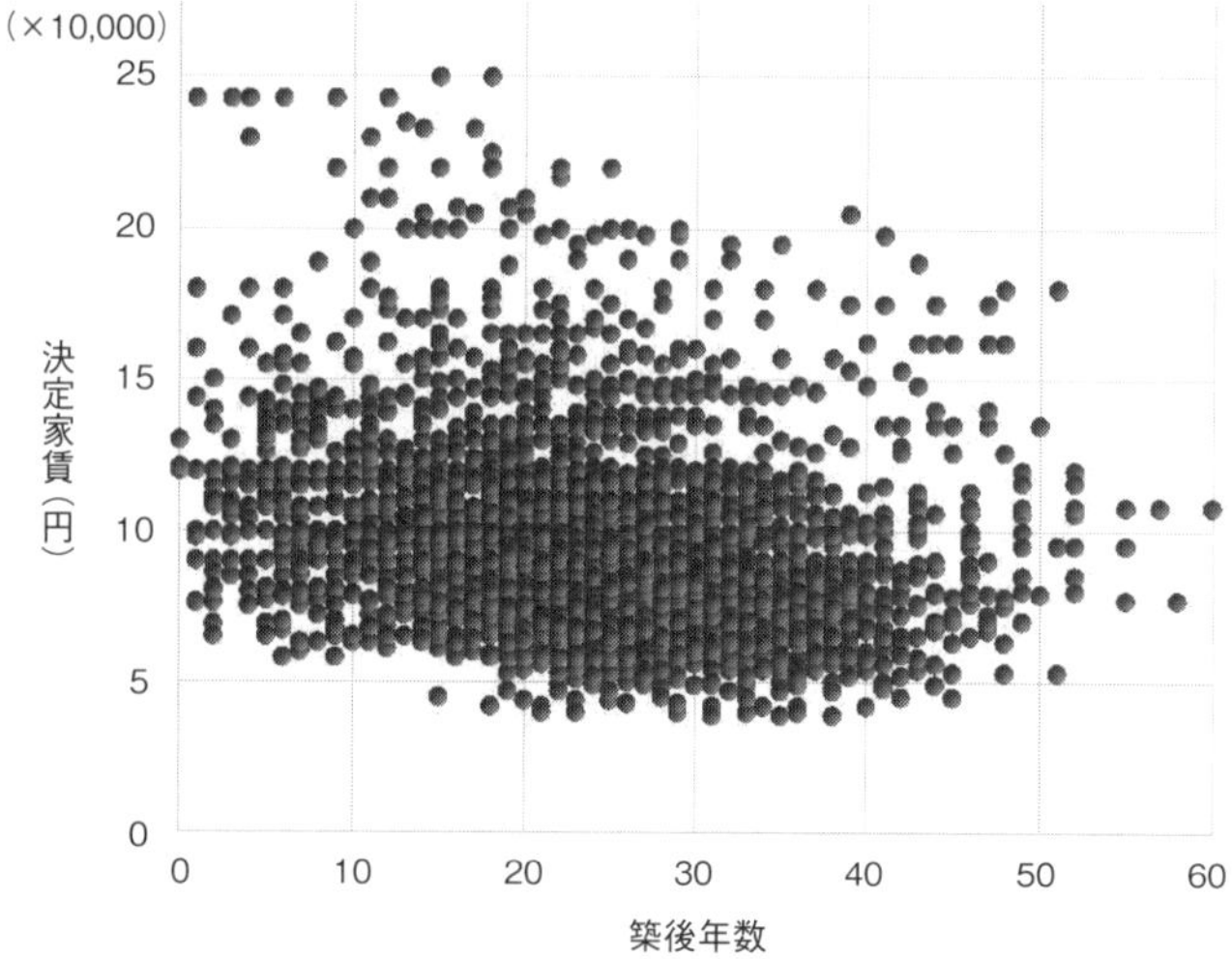

つかないからといって、住めないということはないわけですから、内装をそれなりにきれいにすれば、借りたいという需要はそれなりにあります。

(6) 地価に比べて非常に安定している家賃

そこで、収益還元法の基礎となる家賃にはどのような性質があるかをみてみましょう。

家賃は家が古くなっても大きく下がらない

図表36は、マイホーム借上げ制度で借り上げた住宅の築後年数と決定家賃の関係を図示したものです。これをみると、両者の間にはあまり明確な関係がないことが分かります。

前述のように、売買ですと、中古住宅の評価は二束三文となることが多いので

図表37 | 家賃は地域差が少ない——東京＝100とした場合の地価と家賃の比較

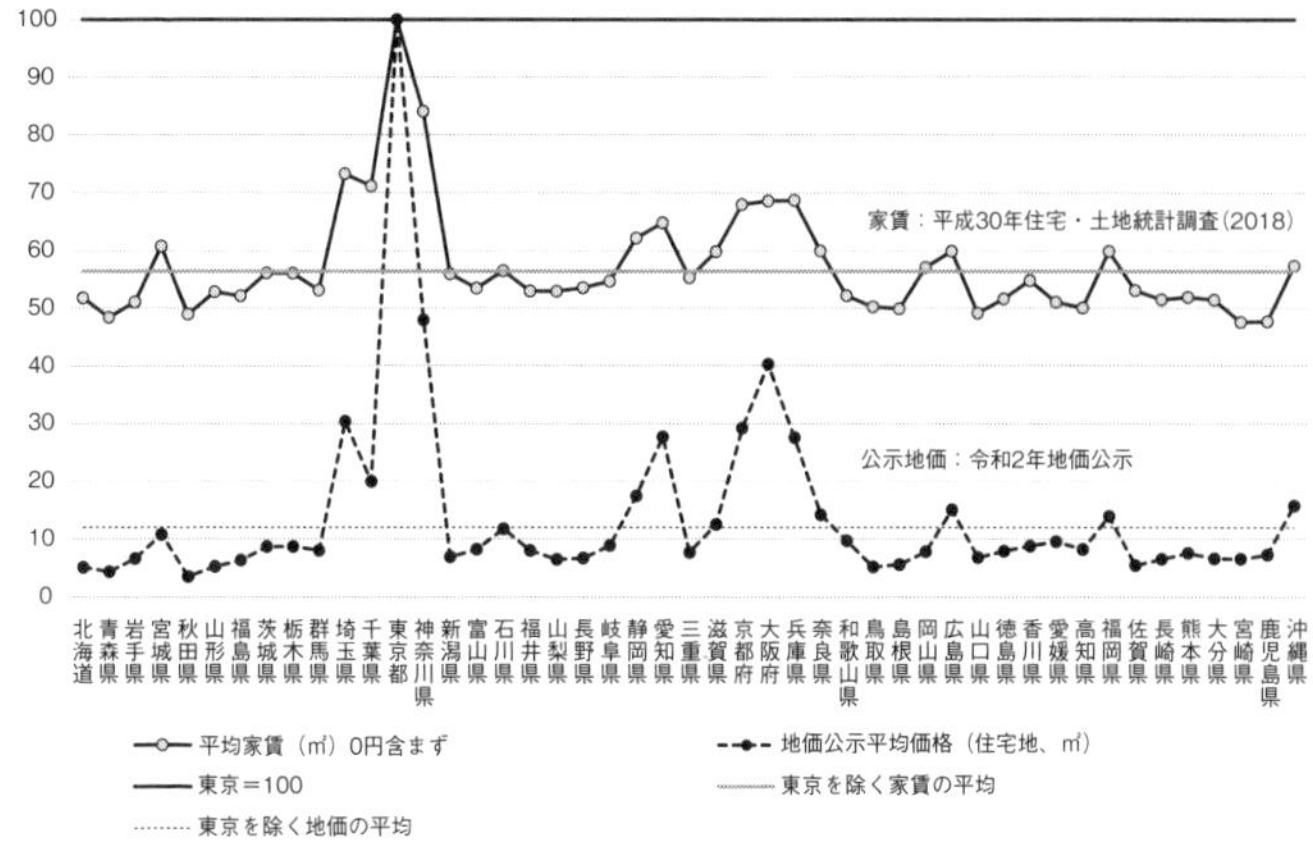

すが、賃貸で借りる住宅は、むしろ新築でないことが普通です。このため、みるからに古家で床がギシギシいったり雨漏りしたりというような物件でない限り、家のなかさえそれなりにきれいなら、築後年数が増えたというだけの理由で家賃が大きく下がるということはないのです。逆に、家自体が頑丈であっても、長く住んで中が汚損した状態ですと、壁紙を貼り替えたばかりの古い家と家賃が変わらないということが起こります。

家賃は地域差が少ない　また、家賃は地価に比べると、変動が少なく、また、地域差もあまりありません。

　図表37は、東京23区の住宅地の公示地価と民間家賃の平均をそれぞれ100として、他の道府県と比較したものです。これをみると、家賃の地域差が地価に比べてかなり小さいこ

図表38　1992年と2000年をそれぞれ100とした場合の家賃水準と地価水準の推移

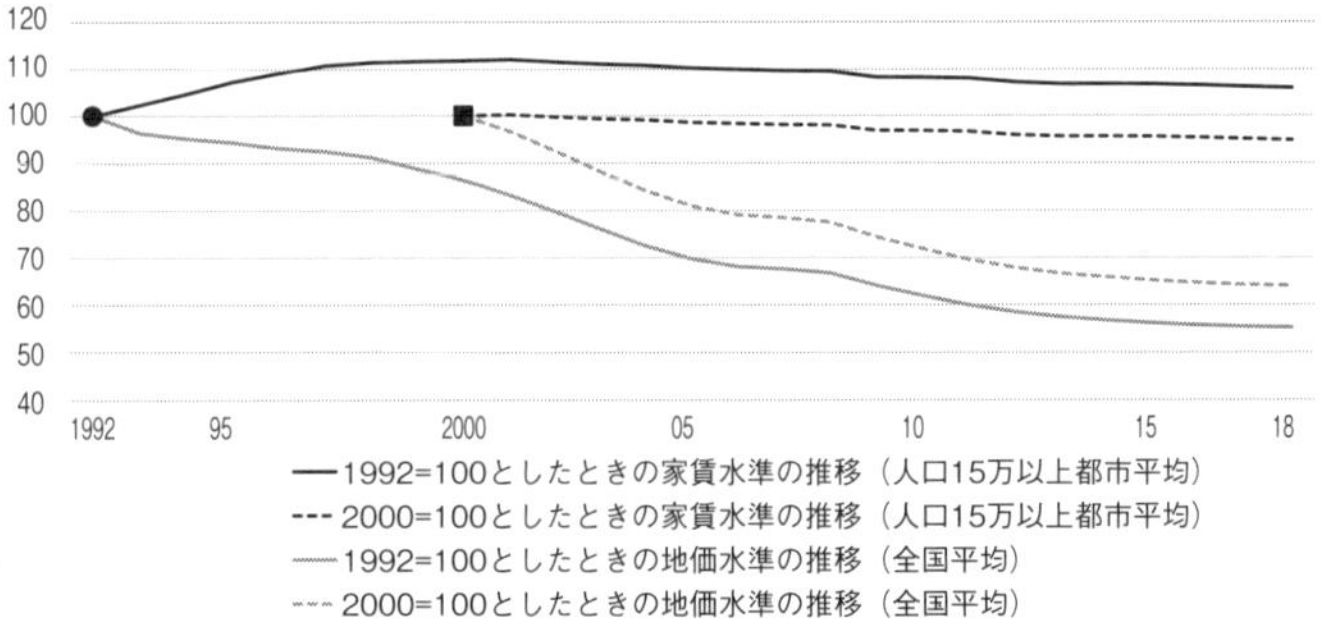

とが分かります。たとえば、宮城県の地価は東京の１割程度ですが、家賃は6割程度あります。

家賃は変動が小さく安定している　図表38は、バブル崩壊直後の１９９２年と、２０００年のそれぞれから２０１８年までの地価（宅地）と民間家賃の変動率（全国平均。１００超は値上がり、１００未満は値下がり）を、それぞれのスタート時点を１００とし、地価と民間家賃の騰落率にもとづいて、２０１８年までにどのように推移したかをグラフ化したものです（図表37と同じ統計にもとづく）。

これをみると、バブル直後の１９９２年から地価は半分程度にまで下落しているのに対し、家賃はむしろ１００を超えています。２０００年からですと、長期間にわたる景気の低迷を受けて家賃水準も下落傾向が続いていますが、それでも、18年間で5%程度の下落に留まっているのに対して、地価のほうは4割近く下落しています。

　この間の変化率をみてみますと、地価の変動率の平均は１９９２年からはマイナス２・２５％、２０００年からですとマイナス２・４１％、騰落の激しさを表す標準偏差はそれぞれ１・４１％、１・４８％なのに対し、家賃の平均は１９９２年からだと０・２４％、２０００年からでもマイナス０・３％程度で、標準偏差は１９９２年からでは１％ですが、２０００年からは０・３％程度と地価の３分の１程度になっています。

　このように、家賃は長期間ほぼ横ばいで、騰落も地価に比べると非常に小さく安定しているのです。

⑺残価保証における収益還元法の優位性

　住宅の残価を保証する場合、原価法よりは収益還元法を用いたほうがよい条件を得ることができます。その理由は、評価額に含まれる土地部分の価値のあり方が異なることにあります。残価設定型住宅ローンのように、住宅の将来における価値を保証するにあたっては、騰落の激しい土地の価格をかなり保守的に見積もる必要があります。特に、原価法は、建物と土地の双方を評価時点の価値で評価しますので、地価の騰落の影響を直接受けます（図表39右）。

　では、収益還元法はどうでしょうか。

　前述のように、収益還元法は、家を運用して得られる家賃の現在価値に運用終了時点の土地の価値の現在価値を加えて算出します（図表35）。そういうと、家賃の現在価値の部分が建物

図表39｜収益還元法は地価変動の影響を受けにくい

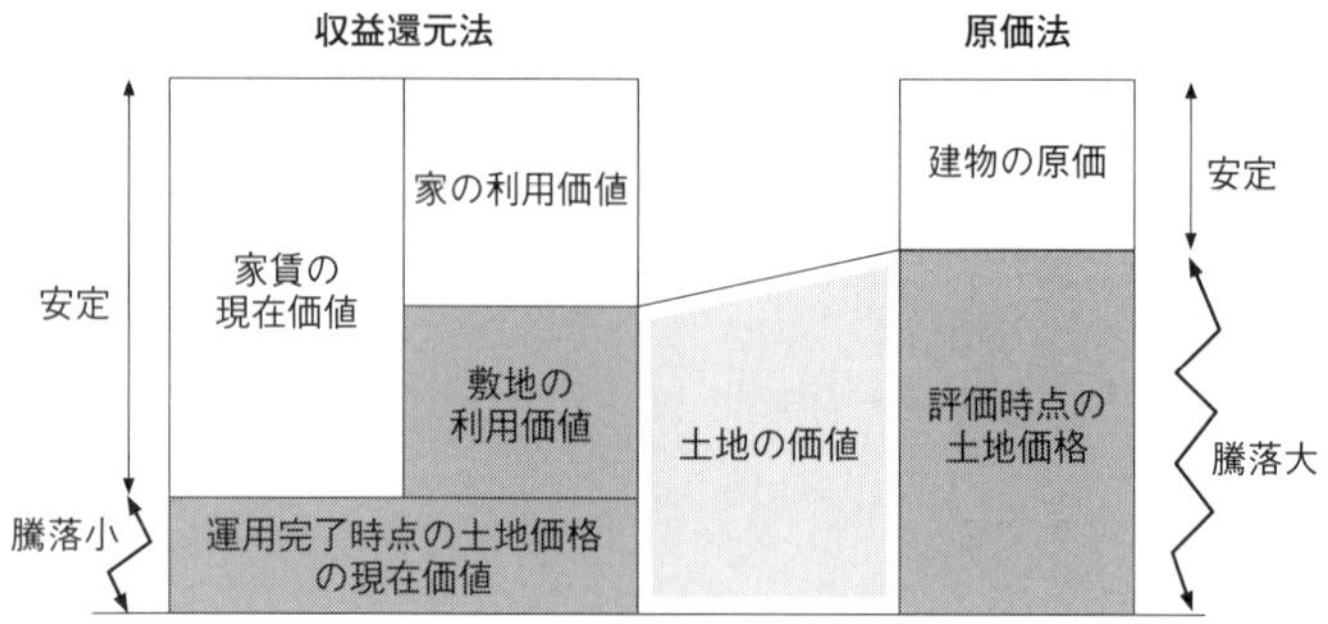

の価値にあたるように考えてしまいがちですが、実は、そうではありません。

家を貸すということは、単に家だけでなく土地の利用も提供しているわけですから、家賃の現在価値のなかには、運用期間に該当する土地の価値が含まれているのです。そして、土地全体の価値は、この部分と、建物の寿命が尽きたあとに残る土地の価値（復帰価格）を現在価値に割り引いたものを合わせたものになるわけですが、前者は、家賃の一部なので前節で述べたように非常に安定しています。

後者の復帰価格は随分先の地価ですから今より大きく騰落している可能性がありますが、遠い将来の話なので現在価値に割り引くことにより値がかなり小さくなるため、価格全体に与える影響が小さくなります。このため、収益還元法による家の評価額は地価の騰落の影響を受けづらいのです（図表39左）。

このように、収益還元法は地価の騰落の影響を受けにくいため、原価法に比べてその影響を考慮する必要が小さくなることから、より魅力的な条件の提示が可能となるわけです。

(8) 収益還元価値の長短

ただし、良いことばかりではありません。家賃が経年の影響を受けないということは、新築・築浅の物件だからといって非常に高くなるわけではないことを意味します。このため、収益還元価値は、築年が浅いうちは、原価法によって計算した評価額よりはかなり低めになります。残価設定型住宅ローンが、オプションの提供を残価設定月以降にしかできないのは、このためです。

市場で決まる処分価値が理論的な価値と同じでないことは分かるとして、理論的な価値である原価法と収益還元法も、同じものの値段なのに違いが生じることに疑問を感じるかもしれません。

しかし、原価法が現時点における構造物としての建物の残存価値と土地とに分けて物理的に評価するのに対し、収益還元法は、今から将来にわたってその住宅を用いて実現することのできる「賃貸事業の価値」を評価するものなので、両者に差が出ること自体は不思議ではありません。処分価値は「モノとしての価値」、収益価値は「住まいとしての価値」であると言い換えてもよいでしょう。

column 26　住宅評価——米国と日本の違い

米国における住宅の評価は、オフィスビルなどと同様、収益還元価値による評価が主体です。これは、日本のように持ち家と貸家が物理的に異なるという特殊事情がなく（図表3）、同じ家を買ったり借りたりすることが普通に行われることと、土地と建物を別々の不動産として登記上区別することがなく、一体として扱うことによります。

この結果、米国では金融機関が残価のリスクを負担するノンリコース型の住宅ローン（第2章2⑵）を提供しても一定率の頭金を負担しておいてもらえれば担保不足に陥る可能性は少ないのです。米国で家を建築してから壊すまでの期間が日本の1・5倍程度ある（図表31）のも、収益還元価値による評価がなされることの影響があると思います。

3　実現できる収益還元価値という発想

しかし、実際には、わが国において、自分で住むための住宅の評価を収益還元価値ですることは稀です。なぜ住宅は収益還元価値で取引されないのでしょうか。

(1) 実際には使われない収益還元法

収益還元法を通常の住宅の価格査定に用いる場合の最大の問題は、それが、買った家を「他人に貸して得られる家賃」で評価するということにあります。もともと、買主が中古住宅を買うのは、賃貸で運用するためではなく自分で住むためです。それなのに、その家を貸す前提で値決めをするのでは前提となる目的が違います。自分で住む以上、あとどれだけ住めるのかという観点から評価することは自然です。もちろん修繕を前提にすればまだまだ住めるかもしれませんが、そういう「目利き」を素人の買主に期待することは無理ですから、「このままの状態で住めるか」ということが基準とならざるをえません。そうなると、すでに述べたような要因で、築後20～25年を経過した建物の価値はゼロと評価することになりがちなわけです。

逆にいえば、**もし、買い手が家を賃貸運用する前提なら収益還元価値で評価してよい**ことになります。これを残価保証との関係でいえば、残価保証をする者が、将来において、対象住宅を買って中古住宅市場で転売するのではなく、借りて賃貸運用することが前提なら、前述のように、より有利な条件で日本全国を対象に残価保証をすることが可能ということです。

(2) 事業者が残価保証を提供する可能性

施工した事業者による買い取り　このことを自動車残クレの仕組みに沿って考えてみると、住宅を施工した事業者が、顧客に販売するときに、住宅ローンの期限よりは前の一定期日において買い上げることを保証し、その保証価格を、①事業者が買い取った住宅をその時点から賃貸運用できる期間の想定家賃と、②最後に土地を売却するときの代金から計算された収益還元価値とする、というイメージになります。

大手はサブリース部門がある　実は、大手の住宅メーカーのほとんどは、アパートのような集合住宅の建築を支援するために、アパートをオーナーから借り上げて転貸するサブリースの子会社や賃貸の仲介を行う宅地建物業者のネットワークを持っていますから、残価保証をして買い取った家を賃貸運用することで収益還元価値を実現するためのビジネスラインはすでに存在しているということができます。

買取再販で循環させることも可能　さらに近時は、多くの住宅事業者が、**買取再販**といって、自社が施工した住宅を住み替えする顧客から買い取って、設備・内装（インフィル）を再施工して、準新築住宅として売却するという事業に力を入れています。

この場合、事業者は自分で住むわけではないので、代金は再販するための住宅の仕入れ価格ということになりますから、原価法にもとづいて物理的な住宅の再調達原価で買い上げることが合理的ということになります。

売る側からしても、原価法で評価してもらえれば、中古住宅市場における処分価値よりは高めの査定となることが期待されます。こうした観点から、大手住宅メーカーは自分たちの施工した住宅について、原価法にもとづいた手法で評価する**スムストック査定**と呼ばれる評価方法を推進しています。

column 27

スムストック査定

住宅大手メーカー10社が共同で運営するスムストック協議会で推進する査定手法で、自社施工物件を各社が原価法にもとづいて規格化された方法によって査定をします。すでにみてきたように、中古市場における住宅の処分価値は、物理的な価値よりもかなり低く評価されることが多いので、スムストック査定は結果的に売主にとって有利な評価方法となる可能性が高くなりますから、買取再販事業に活用する物件を既存顧客から自社に還流させることができるわけです。

なお、この仕組みを、大手メーカーが自社物件を高めに評価することで所有者向けサービスの強化や、地球環境問題への対応を図るものと説明することがあります。確かに、結果的にそういう効果があることは間違いありませんが、その前に「お金儲け」の問題として、本文で述べたような買取再販事業を前提にすることで、初めて、市場での処分価値より高めとなる原価法で査定することに合理性が生まれるのです。

このように、中古市場における住宅の評価は、ビジネスモデルによって決まる要素が大きく、残価設定型住宅ローンを裏付ける残価保証も、そういうビジネスモデルの一つと位置づけることができます。

図表40｜大手住宅メーカーによる残価保証の可能性

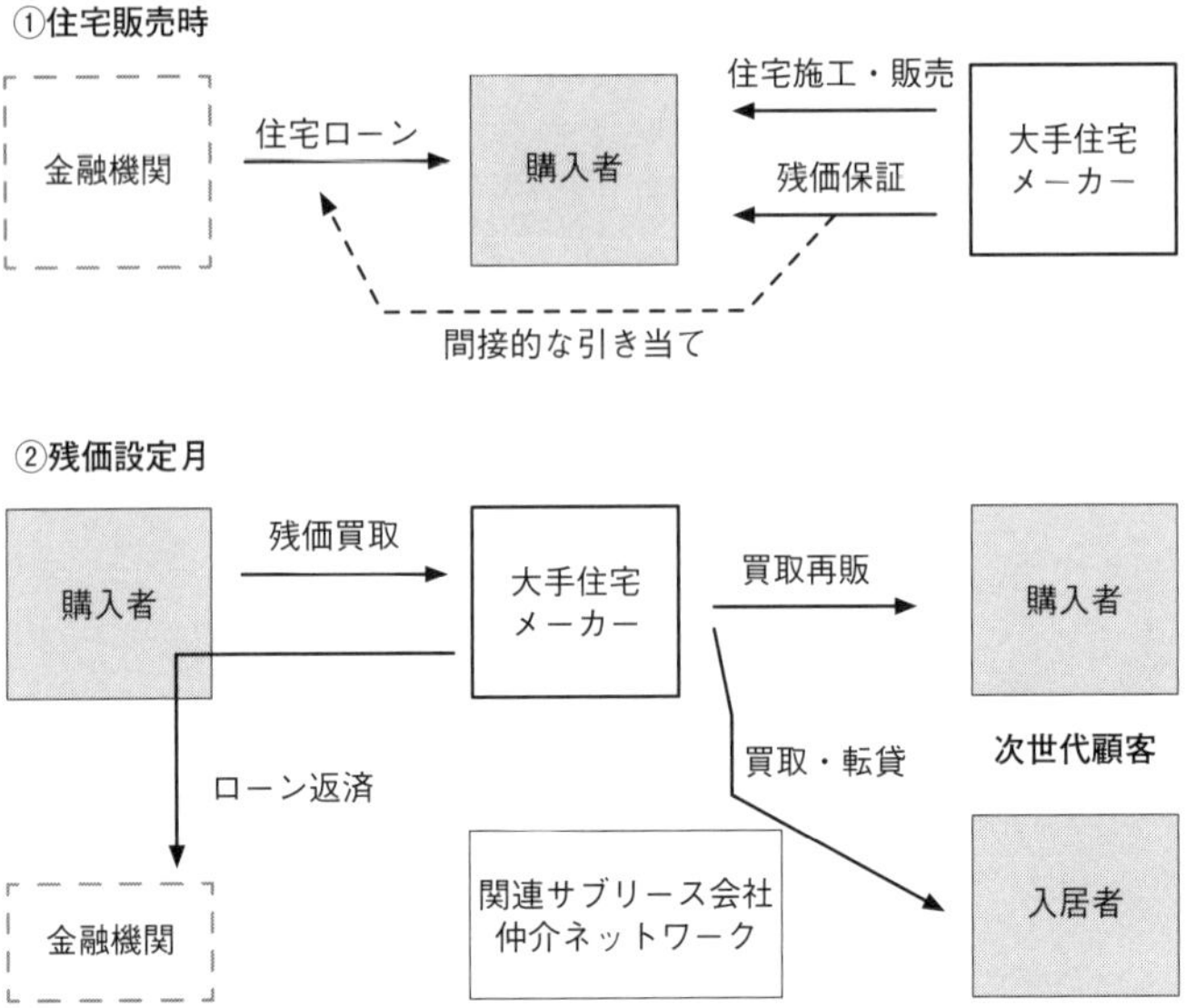

　前述のように住宅の将来価値を売った時点で保証する場合、その金額はかなり保守的に算定する必要があります。このため、買い取った住宅を実際に賃貸運用すれば、残価計算で想定したよりも高めの家賃収入が得られる可能性が十分あります。また、前述のように、買い取った住宅を買取再販すれば、より高い価格で売却できるなら、借り上げる必要もないわけです。

　こうしてみると、少なくともスムストック査定を導入している大手住宅メーカーにとっては、残価保証はそれほど難しい問題ではないように思えます(図表40)。

⑶事業者による残価保証の問題

しかし、事業者による残価保証には一筋縄ではいかないさまざまな問題点があります。

リスク管理モデルの構築　家賃の変動リスクが地価等に比べると低いとしても、20年以上先の収益還元価値を算出してこれを保証することには大きなリスクが伴います。また、そうした業務を行うには、保証可能な価値を短時間に大量に査定できる仕組みが必要です。実は、このためには筆者が40年近く携わってきた高度な金融技術に関するノウハウが必要になります。ところが、金融業界でそうした専門知識のある人の多くは、住宅についての知見がありません。筆者自身、両方の領域に土地鑑を持てるようになるには、かなりの勉強と経験が必要でした。

保証に伴い負担するリスクの規模　また、少数の大手メーカーが新車市場を独占している自動車の場合と異なり、住宅市場は中堅・中小の事業者が多いことがもう一つのハードルとなります。大手メーカーを除くと、自分の販売した家の残価買取を保証するだけの信用力や資金調達力に限界があるからです。

さらに、財務体力のある大手住宅メーカーであっても、売った家の将来の買取価格を保証するとなると、その累積額は大変な金額になります。自動車の残クレは代金が家ほど高額ではなく、さらに、期間も3～5年と短いからこそ販売会社でも負担できるのです。

会計上の問題　さらに、住宅事業者が、自分が売ったり建てたりした家の残価保証をするということは、売主として「将来一定額での買い戻しを約束して家を売る」ことになります。現在の企業会計基準によれば、それでは家の価格変動リスクが売主に残りますので、純粋に売却したことにならず、買取保証をした額がバランスシートに積み上がることになります（column 28）。特に、株式を上場している大手住宅メーカーにとって、このことは致命的な障害といってよいでしょう。

column 28 売主が残価保証したときの会計

2021年4月から適用されている新しい企業会計基準によりますと、企業が顧客の要求により商品又は製品を買い戻す義務（顧客からみた場合のプットオプション）を有している場合には、顧客は当該商品又は製品に対する支配を獲得していないため、収益認識が許されず、顧客が、そのプットオプションを行使する重要な経済的インセンティブを有している場合には、その契約は売買ではなくリース取引として処理せねばなりません（企業会計基準第29号35、企業会計基準適用指針第30号69、72）。

つまり、家を顧客に売った時点で、とりあえず売上高を計上することはできますが、同時に、少なくとも残価保証額相当のリース債権を資産に、また、受け取った代金を前払いリース料として負債に両建てで計上することとなり、巨額の資産・負債が残価設定月まで残存することになるわけです。

買取資金の調達　もう一つ大きな問題は、将来において必要となる買取資金を確実に調達する必要があることです。大規模な金融緩和政策が続いている執筆時点において銀行から資金を借り入れることはそれほど大変なことではないかもしれませんが、20年後にも同様の金融環境が続いているとは言い切れません。このように、仮に残価保証額そのものに問題がないとしても、その時点で非常に大きな金額となる買い取りのための資金を確実に確保できるかが、追加的な懸念材料となります。

大手メーカー以外には取り組みが困難　最後に、前述のように、信用力の高い大手住宅メーカー以外の中堅・中小事業者は、こうした仕組みを独自に採用することは困難ですし、仮に、立ち上げたとしても、20～25年後といった将来において確実に残価買取をすることができるかには不安が残ります。そうなると、そもそも金融機関が提携に二の足を踏む可能性が高くなります。大手メーカーの新築住宅市場におけるシェアは4分の1程度ですから、広がりを欠く仕組みといわざるをえません。

4　非営利法人による残価保証の提供

(1) マイホーム借上げ制度の活用

こうした事情から、前章の最後で紹介した、シニア層の住み替えを支援するマイホーム借上げ制度（第4章10(4)）を提供する非営利法人であるＪＴＩが、社員企業である住宅事業者が施工する住宅に対する残価保証の主体となってはどうかという発想が出てきました。

マイホーム借上げ制度はまさに、住み替えニーズの生じた住宅を借り上げる制度ですから、それにより実現できる家賃の金額をあらかじめ保証することで住宅の世代循環に貢献することは、ＪＴＩが行う業務として自然です。ＪＴＩの支払う家賃には、国の設定した保証基金による債務保証がなされていますので、これをベースに収益還元価値を計算すれば、間接的ではありますが、国のバックアップがある残価保証額を提示することができます。

しかし、制度を開始した当時の賃貸市場は、アパートや賃貸マンションが主体で、長年住んだマイホームを借り上げて賃貸する市場は事実上存在しておらず、収益還元価値の優位性を確信するには、関連のデータを一から積み上げる必要がありました。

また、自動車と異なり、1件1件の住宅に個性がありますので、数多くの物件について、短期間に的確に将来の家賃を見積もり、それにもとづいて収益還元価値を計算するためには、これを実務的に可能ならしめるリスク管理モデルや業務システムの整備が欠かせません。

そこで、まずは、戸建住宅借り上げを借り上げにより資金化することに伴い生じ得る実務的課題を解決しつつ、残価保証のリスク管理に必要なデータを蓄積し、筆者が所長を務める大学の研究所と共同で政府の補助事業に応募して、前提となる制度やシステムインフラの構築を少しずつ準備していきました。こうして、２０１８年には、残価保証に伴うリスク管理手法につ

図表41　JTIによる残価保証の仕組み①

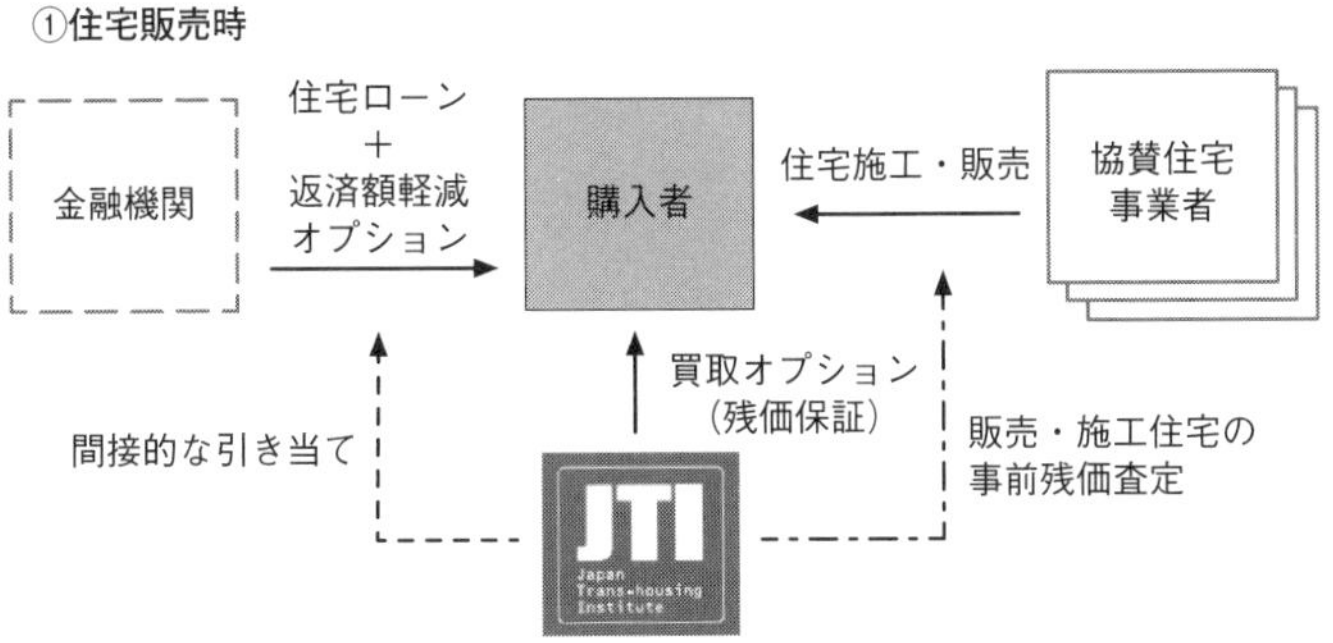

いて筆者を発明者とする特許を取得して、２０２１年末に実用的な仕組みが完成しました。

(2) ＪＴＩによる残価保証の仕組み

ＪＴＩによる残価保証の仕組みは、借り上げを目的に購入するなら収益還元価値で残価保証をしてよいという、前節で検討した事業者による残価保証と同じ発想にもとづいています。ただし、ＪＴＩは多くの住宅事業者の協賛からなる社団法人ですので、マイホーム借上げ制度による運用を軸にしつつも、協賛住宅事業者の施工住宅については、できるかぎりそれぞれの事業者の行う買取再販事業を通じて循環させることとしています。

残価保証時　まず、あらかじ社員企業からの申請にもとづいて、残価保証の対象となる住宅を一件ごとに査定します。残価設定月等は借り入れ条件によって変わるため、査定結果とともに、残価条件を試算できるシミュレーションシートを営業担当者に直接送付します（図表41）。

図表42　JTIによる残価保証の仕組み②

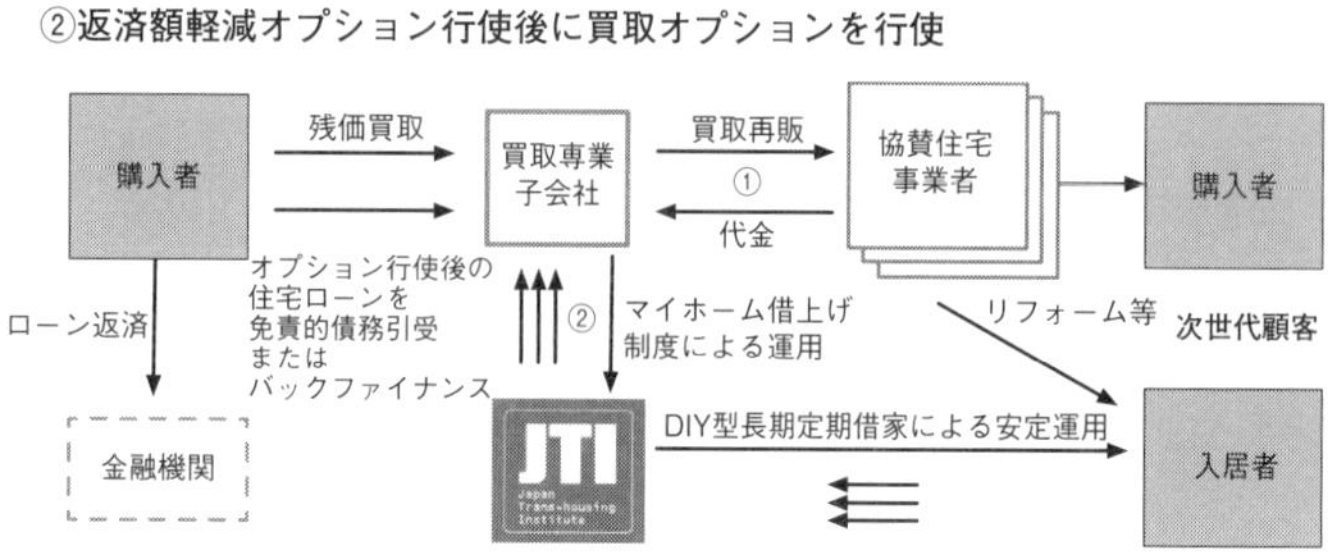

買取オプション行使時　買取オプションが行使された場合、まず、それぞれの施工事業者が買取再販のために買取額を提示し、この査定額があらかじめ定めた残価保証額を上回るときは、事業者に買い取ってもらうことにより、利用者が有利に処分できるようにします（図表42）。

ＪＴＩの専業子会社による買い取りとマイホーム借上げ制度による運用　借り上げ運用を行う住宅は、ＪＴＩの買取専業子会社が買い取ってＪＴＩのマイホーム借上げ制度により運用します。借り上げにあたっては、次の世代にできるだけ魅力的な賃貸住宅を提供できるように、家賃は可及的に抑える一方、内装・設備の修繕はＪＴＩの承諾を得て入居者が自ら行うことができる、期間10年以上のＤＩＹ型長期定期借家によることを原則としています。

(3) 非営利・社団法人

ＪＴＩが残価保証をすることにより、社員企業である住宅事業者にはさまざまなメリットが生じます。

十分に分散された家賃ポートフォリオの構築　収益還元法による将来価値を保証するには、特定の地域や施工業者に偏ることなく、数多くの分散された案件全体でリスク管理をする必要があります。このためには、日本全体にわたってできるだけ数多くの住宅を対象にせねばなりません。しかし、住宅事業者の4分の3程度は中堅・中小事業者なので営業地域が限定されています。そこで、まずは、全国で営業展開する大手住宅メーカーに先行導入してもらうことで、短期間に数量と地域分散を確立したうえで、協賛団体等を通じて各地域で長期優良住宅に取り組む中堅事業者に展開していけば、集中リスクを回避しながら無理なく制度の拡充を図ることができます。

共益型ビジネスモデルの実現　一方で、ＪＴＩは社員企業に利益を分配することができない非営利法人ですので、残価保証のリスクに対応した資本金を積み立てたあとは、独立採算でさえ運営できていれば、それ以上儲ける必要がありません。この結果、最小限のコストで残価保証を提供することができます。住宅事業者も金融機関も、それぞれ住宅の建築・販売、残価設定型住宅ローンの利ざやや手数料が収益の源泉であり、残価保証そのものにかかるコストは少なければ少ないほどよいわけですから、それによって民業を圧迫するということにはなりません。

このように、残価保証には、営利企業が収益をあげるにあたり、1社でやるよりは全体でリスクを処理したほうがよい部分を切り出して、共益を図る非営利法人が余計な儲けを狙わずに担うという、公益でも私益でもない「共益モデル」を採用することに高い合理性があるのです。

会計上の課題の解決　ＪＴＩは一般社団法人という社員に持ち分のない非営利法人であり社員企業とは切り離された主体なので、社員企業が自分自身で残価保証をする場合のように、保証額が会計上社員企業のバランスシートに載ることを回避できます。

経営リスクの最小化　私企業には、チャンスがあればさまざまなビジネスを行って収益ソースを多角化し成長することが求められます。逆にいうと、手がけた事業がうまくいかずに、他の事業に影響を与えるリスクが常にあるということです。

　これに対し、ＪＴＩは、国の基金保証を受けるための条件として、厳格に業務内容が制限されていることから、他業を営んだり、無謀な業務展開を行ったりすることで財務状況が悪化するリスクが限定されています。さらに、万が一極端な状況が生じて家賃債務を履行できない場合には、基金保証を通じて国のバックアップを受けることができます。この結果、金融機関からみた場合に、残価保証に伴うビジネスリスクを、同じことを私企業が行う場合に比べると判断しやすいというメリットがあります。

公的目的の実現　ＪＴＩの業務は国の住宅政策の指針に従って行われますので、長期優良住宅のように国の施策に沿った住宅であって、同時に、収益還元価値が高いと考えられる住宅を残価保証の対象とすることによって、民間企業の個別の意向に左右されず、適切な住宅の建築を誘導することが可能となります。

民営による経営規律　一方で、あくまでも民間の社団法人なので、その経営には私的企業の規律が働きます。この結果、運営費用を税金で賄うことが予定されている国の機関に比べて、効率的な運営が期待できます。

5 かせるストック証明書（定額型）と郵便番号別事前査定

かせるストック証明書　前述のように、残価保証の対象住宅は、ＪＴＩの協賛社員や団体所属の事業者が施工した認定長期優良住宅であって、維持管理体制が十分であるとＪＴＩが認めたものに限られます。ＪＴＩでは２００８年からこうした住宅を証明するかせるストック証明書制度を開始しており、発行実績は２０２３年２月末で15万棟を超えています。対象住宅については、マイホーム借上げ制度の利用年齢（50歳以上）が撤廃され、借り上げ時の建物診断が免除または簡略化されます。

かせるストック証明書（定額型）　２０１７年には、かせるストック証明書の発行住宅について、マイホーム借上げ制度を利用した場合の家賃の最低金額を購入時に証明書において保証するかせるストック証明書（定額型）の制度が導入されました。残価保証は、一部の例外を除いて、かせるストック証明書（定額型）の発行対象となる住宅が対象となります。

最低保証家賃の郵便番号別事前査定　これに伴い、２年余りかけて全国で12万７０００余りある７桁の郵便番号ごとの地域について、最低保証家賃額を査定しました。査定額は常時見直しが行われています。それに加えて、残価保証を行うには個別物件ごとに想定家賃の査定が必要ですが、これを効率的に実施するためにこの基礎査定が非常に重要な役割を果たしています。

6 複線的なリスク管理の枠組み

残価保証の金額は、事業の拡大に伴い巨額になりますので、きわめて異常な状態が長期間続かない限り、基金による債務保証を使わないですむような、さまざまな仕掛けを複線的に仕組むことによって、リスク量を最小化する工夫がされています（図表43）。

買取再販への持ち込み　まず、すでに述べたように、ＪＴＩが借り上げることになるケースを可及的に抑制して、協賛企業自身も推進している買取再販チャネルに対象住宅を持ち込むことによって、買い取りにともなうリスク負担額を軽減します。

実績データにもとづくリスク管理モデル　残価保証の金額については、過去15年間の査定実績や借り上げの実績にもとづいて、顧客にとって十分に魅力的な水準としつつも、きわめて保守的な前提によって、収入不足でローン返済が困難となることがないように計算されています。計算にあたっては、家賃水準に加えて、入居者募集にかかる空室リスク等を過去の実績にもとづいてモデル化する等、実際の運用に即してきめ細かな前提の調整が行われています。

また、単に収益還元価値を計算するのではなく、買取再販で提示される原価法による査定を

図表43 ｜ 複線的リスク管理のイメージ

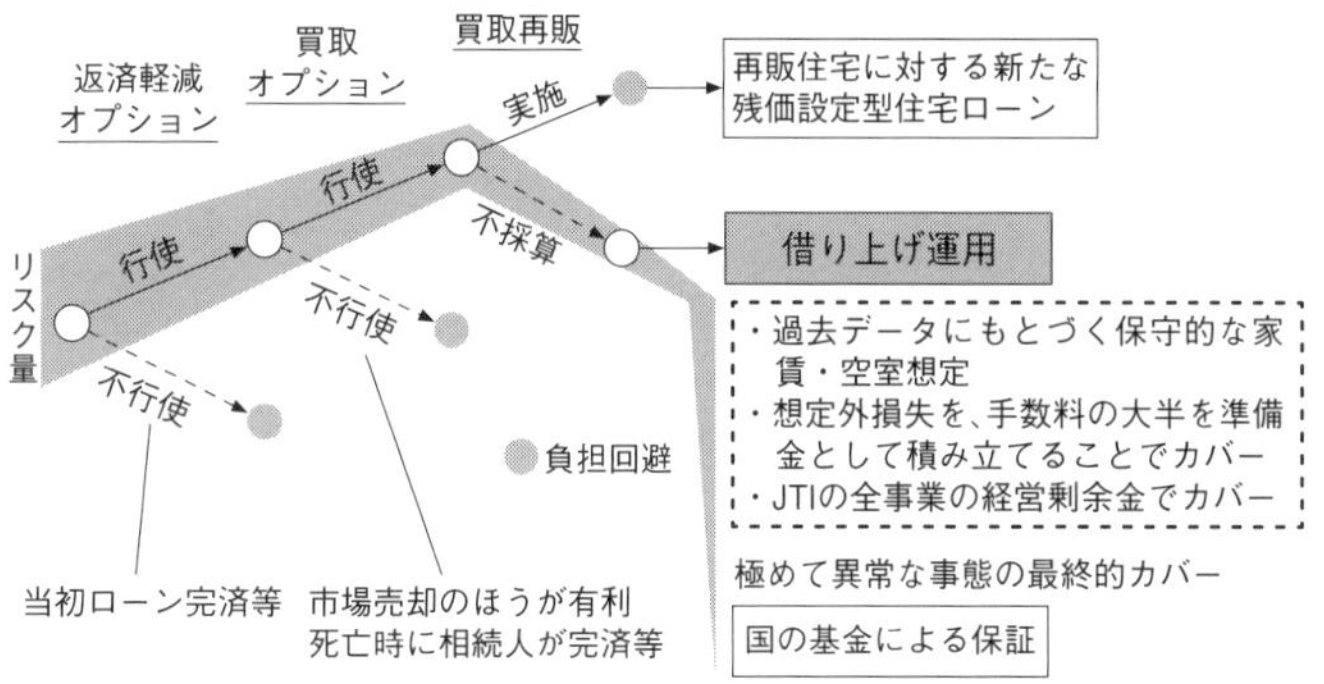

念頭に置きつつ、多くの案件を買取再販チャネルに供給することができるように追加的な水準調整が行われます。

返済額軽減オプションによる返済負担の引き下げ　もう一つ重要なポイントは、返済額軽減オプションによって、①そもそも買取オプションを行使しないでも顧客が自らマイホーム借上げ制度を利用すれば家賃で無理なく返済ができる水準まで月返済額を圧縮し、②したがって、仮に買い取った場合でもＪＴＩとして家賃で問題なく返済できるように工夫されていることです。これにより、買取オプションが実際に行使される可能性がさらに限定されます。

残価保証にかかる手数料によるリスク準備金の積み立て

残価保証条件の算出にあたっては、ＪＴＩが利用者から受け取るオプション手数料によって、通常生ずべきリスクに加えてかなりの異常事態でも耐えられるだけの内部準備金が蓄積されるように、その水準が設定されます。

この準備金や、ＪＴＩの経営剰余金が枯渇して初めて、

図表44｜JTIをハブとした緩やかなネットワーク型システム

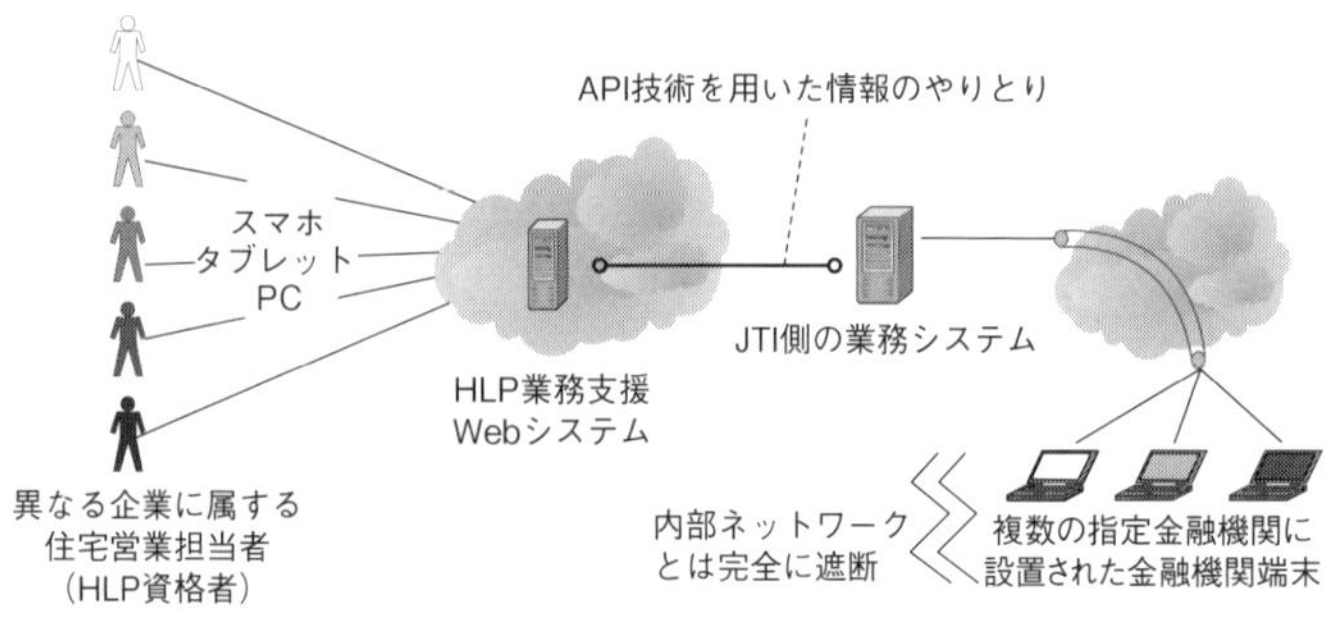

政府の基金に依存することになりますが、その可能性は、きわめて異常な状態が長期間続いた場合に限定されるように設計されています。

7　ネットワーク型の業務システム

最後に残価保証やオプションの管理といった複雑な業務をきわめて少人数のスタッフでこなせるように、最先端のＩＴ対応がなされています。

さらに、残価設定型住宅ローンを提供するには、個別の住宅ごとに、事業者から情報提供を受け、1件1件査定して残価設定月と保証額を決定せねばならず、そのための業務負荷が導入にあたり大きな障害となります。また、残価設定型住宅ローンはこれまでの住宅ローンとは大きく異なる商品ですので、これまで述べたリスク管理の仕組みもさることながら、これを導入するために必要となる金融機関や住宅事業者のシステム負担を最小限に抑える工夫を凝らさないと、「絵に描いた餅」になってしまいます。

そこで、最先端の情報技術を活用し、ＪＴＩの内部システムを、残価設定型住宅ローンを提供する指定金融機関や、全国津々浦々で日々住宅を販売する数多くの営業担当者とネットを通じて接続して緩やかなネットワーク型の業務支援システムを構築することにより、金融機関や住宅事業者側の導入時におけるシステム負担を最小化する工夫がなされています（図表44）。

column 29 ローコードプラットフォームを利用した業務システム

業務システムはApple社の子会社が提供するFile Makerという開発プラットフォームを利用して短期間で構築しました。一方、リスク管理モデル自体は複雑な数理計算を行うことからpythonという別のプログラム言語が用いられています。従前ですと、これを業務システムに組み込むため、追加的なプログラミング作業が必要だったのですが、ＡＰＩ（Application Programming Interface）と呼ばれる先端の技術を使うことで簡単に業務システムと情報のやりとりが可能になっています。

今回のように前例がまったくない新しい商品の場合、一般のシステム開発のように、最初に仕様を固めて業務システムの構築をシステム業者に外注することが非常に困難です。File Makerはテーラーメードのシステムをつくれる高機能なツールでありながらプログラミングが簡単にできるローコード化が徹底しているため、自分たちでシステムを走りながら構築したり、完成後も日々発生する細かな変更ニーズや導入企業・金融機関との準備作業のなかで生じるきめ細かな要求に簡単に対応したりすることができます。今回「年寄りの冷や水」で、久しぶりに筆者自身が中心となって数人の技術者と一緒に設計からコーディングまでを、まさに「走りながら」構築したのですが、昔なら数億円かかったかもしれないシステムを月数万円の利用料だけで構築できることに一種の快感さえ覚えました。

金融イノベーションというと、ブロックチェーンやＡＩ（人工知能）といった最先端の技術に陽が当たりがちですが、残価設定型住宅ローンは、むしろ、ローコードのプラットフォームやＡＰＩといった、システム開発を日常化する仕組みが急速に進んだことで可能となったのです。

第6章

残価設定型住宅ローンの利用例

本章では復習もかねて、残価設定型住宅ローンの利用例を事例形式で整理します。なお、いずれも実際の物件に関する査定例をもとにしていますが、当事者のプロフィルや借り入れ条件等はすべて筆者の創作・想定によるものです。

なお、以下のサイトで、詳しい住所等を入力しないでも、郵便番号だけで大まかな残価設定条件をシミュレーションすることができます（地域によっては対応していないところがあります）。zanka-simulation.jti.or.jp（「残価JTI」で検索）

1　地方都市の場合

(1) 35年借り入れを前提に残価設定月を計算（図表12・図表13）

香川県高松市の事例　まず、第2章で紹介した香川県高松市の大手メーカー（X社とします）が販売している分譲住宅のケースをあらためて事例にして考えてみましょう。図表12（67頁）と図表13（68頁）を見返しながら読んでください。

設例1　A夫とB子は、香川県高松市在住の夫婦で、A夫は35歳、B子は33歳です。夫婦の合算収入は６００万円あります。娘のC羅ができて、夫婦で暮らしていた２ＤＫのアパートが手狭となったので、現在、古い戸建の３ＬＤＫ借家を見つけて住んでいますが、家賃は10万円ほどかかっています。

しかし、友人から家賃を10万円も払うなら、買ったほうがよいといわれ、来年子どもが学齢に達するのを機に新居を買うことにし、ポータルサイトで見つけたX社施工の分譲住宅を検討しています。代金が４９６０万円で、そのうち1割自己資金を入れて、残りの9割について住宅ローンを組もうと考えています。

代金の９割にあたる４４６４万円を期間35年、金利０・６７５％で借りたときの月返済額は約11万９０００円で、年間の支払額は年収の４分の１程度と少し厳しめではありますが、無理のない範囲といえます（図表12）。問題は、定年後に10年ほど続く返済をどうするかです。B子は、分譲住宅のチラシに「残価設定型住宅ローンが使えます」という記載に興味を持ち、X社の担当者にプランを試算してもらいました。

設例１－２　B子「今はいいけど、定年後も10年間、毎月12万円の支払いが続くのはきついわね。とはいえ、25年後の残高はまだ１４００万円近くあるから、退職金で一気に返してしまうと老後の蓄えが心配ね」

A夫「そうだね。でも、X社の担当者からもらった残価設定型住宅ローンのプランをみると、借りて２９４カ月目が残価設定月とあるから、ちょうど給料が下がる60歳で返済額軽減オプションを使えば、月の返済が４万５０００円にできるみたいだよ。たぶん、定年後も年金は繰り下げ受給にして70歳ぐらいまでは働くつもりだから、給料が減ってもそのぐらいの返済なら大丈夫じゃないかな」

B子「そうね。まあ、私が今の会社でがんばって役員になれれば、オプションなんか使わなくても簡単に返しきれるわけだしね……でも、これってちょっと話がうますぎない？　オプションを使うと35年じゃ返しきれないわけよね。銀行もバカじゃないから、ずっと４万５０

００円払い続けると、案外、ものすごい金額を支払うことになっているんじゃない？」

生涯負担も少なくてすむ？　B子の疑問はもっともです。そこで、X社担当者にもう少し詳しく説明してもらうことにしました。

設例1-3　X社担当者「プラン（図表13）をご覧ください。当社の住宅であれば、借りて２９４カ月目の残価設定月にオプションを行使されますと、元のローンの期限である４２０カ月までの１２６カ月間に約９４０万円程度の現金支出を抑えられます。その分、借りてから50年後まで４万５０００円の支払いが続くわけですが、実はそこまでの総支払額も当初ローンの総返済額より１３００万円以上少なくなるんです」

B子「でも、それっておかしくないですか？　借入期間が短いと金利も少なくてすむので、当初ローンのほうが総返済額は減るはずですよね」

X社担当者「そのとおりなんですが、実は50年後以降は元本が約６４０万円で据置になって、あとはお二人が亡くなられるまで金利だけ支払えばよいようになっているので、元本の返済額がその分圧縮されて支払額が減るんです。逆にいえば、最後の６４０万円を足せば、B子さんのおっしゃる通りになっています。でもそれは死亡時清算ということになっているわけです」

Ａ夫「なるほど、つまりその６４０万円が自動車の残クレでいう残価にあたるわけですね。自動車の残クレの月返済額が少ないのは残価分の返済をしないからだけど、住宅ローンも同じようにして月返済額を減らしているわけか」

相続ニーズ　このように、生涯負担が減るのは死亡時に返済する元本を残すからですが、そうなると相続時の懸念が生じます。

設例１－４　Ｂ子「でもそうすると、娘のＣ羅には家だけでなく借金も相続させることになりますよね」
Ａ夫「そうだけど、たぶん、その頃にはＣ羅も60歳だよ。そもそも築後50年ということでかなり傷んでいるだろうし、相続して喜ぶとは限らないんじゃないかな」
Ｘ社担当者「おっしゃるとおりです。もし、娘さんが住まわれないということであれば、今回お買い求めの土地は高松市でも良い場所ですし、１５００万円の買値が６４０万円まで値下がりしない限り、家を売ればローンを返してさらに多少の儲けが残ります」
Ｂ子「そうか。確かに、私だって両親の家を相続する頃には60歳になっている可能性が高いわよね。そもそも田舎だし……ん？　そうすると、私が60歳になる27年目で、今買う家を売って、田舎の実家でスローライフという手もあるわね」

Ａ夫「でもその時点ではまだそれなりにローンが残っているから、売っても返しきれないリスクがあるんじゃないか」

ライフチェンジと買取オプション　30代で定年後の生活設計を織り込んで家を買う人は稀です。しかし、人生１００年時代、実際に50歳前後になって、子どもが巣立つ時期が近づいてくると、いろいろな可能性が目の前に広がってきます。田舎暮らしといった前向きな住み替えももちろんですが、親の介護が必要になりやむをえず田舎の実家を直して住み替えねばならなくなる人もあるでしょう。将来のライフチェンジに対して柔軟に対応できるよう、買った家と住宅ローンが足かせにならないようにすることが重要です。

設例1-4　Ｘ社担当者「実は、そうしたご心配に応えるために、返済額軽減オプションとは別にＪＴＩが買取オプションを提供しています。残価設定月以降は、このオプションを行使すれば、少なくともローンが残ることはありません。もちろん、高く売れるならオプションを行使せずご自身で売ればよいわけです」

Ｂ子「でも、20年以上経った家の値段は二束三文っていいますよね。Ｘ社の家だって同じなんじゃないですか?」

Ｘ社担当者「確かに、中古住宅の値段は本来の物理的な価値よりかなり低くでしか売れないことが多いんです。でも、私どもの家はすべて長期優良住宅の認定を受けた１００年住宅なので……」

（さえぎって）B子「それそれ！　A夫君は35歳だけど１００年も住んだらゾンビですよね。60年住宅で十分だからもう少し安くならないの？」

１００年住宅の意味　話がそれて１００年住宅の意味が問題になりました。X社担当者に説明してもらいましょう。

設例１−５　X社担当者「１００年住宅って、買われた方が１００年住めるという意味じゃないんです。１００年もつ構造・躯体だから、設備・内装を新品に取り換えれば、これからお子様と一生で最も輝いた25年程度を過ごすA夫さんB子さんご夫婦のような家族を4回支えることができる。四世代で住み継ぐことができる家なんです。世代をまたいで住み継げる家なら、ローンの返済も世代をまたいですることにしたらどうか。残価設定型住宅ローンはそういう発想から生まれたと聞いています。

そして、このことを実現するために、私どもは、最初の世代の方が住まわれたX社の家を買い取って再生し、次の世代の皆さんに販売する買取再販の事業に力を入れています。買い取りにあたっては、スムストック（column 27）という査定方法で、その物理的な価値を正しく評価するので、一般の中古住宅のように古家としてしか扱われないということはないのです」

Ａ夫「なるほど。でも、それならなにもＪＴＩに買い取りを頼まないで、Ｘ社ご自身で買取オプションをつければいいじゃないですか」

Ｘ社担当者「スムストック査定はどこまでも査定をご依頼いただいた時点での査定になるので、あらかじめ20年後の査定額を保証するということは難しいんです」

Ａ夫「でも、難しいという点ではＪＴＩも同じじゃないんですか？」

実現できる収益還元価値　すでにみたように、スムストック査定が、査定する時点において同じ家をつくるのに必要な価値に経年による減価を考慮する原価法にもとづく査定方法なのに対して、ＪＴＩの残価査定は、ＪＴＩ自身が運営するマイホーム借上げ制度を15年間運用して得られたビッグデータにもとづくリスク管理モデルによる、ＪＴＩ自身が実現可能な将来の家賃収入をもとに収益還元法で行っています。もちろん、将来の予想にはリスクが伴いますが、これをさらにさまざまな工夫によってＪＴＩ自身が積み立てる準備金や国の債務保証基金で吸収可能な金額に縮減しています。

マイホーム借上げ制度で資産活用も　さらに、マイホーム借上げ制度を基礎にした仕組みなので、買取オプションを行使せずに、同制度で借り上げてもらえば、家を手放すことなくローンの支払いを無理なくできます。

設例1－6　Ａ夫「説明を聞いていて思ったのですが、今住んでいる借家の家賃が10万円であることからすると、返済額軽減オプションを行使して返済額が４万５０００円になるなら、何も買取オプションを使わなくても、賃貸すれば家賃で十分返済できますよね」

Ｘ社担当者「そのとおりです。ただ、家を貸す場合はＪＴＩのマイホーム借上げ制度を利用しなくてはなりません」

Ｂ子「どうしてですか？」

Ｘ社担当者「そもそも返済額軽減オプションを銀行が認めてくれるのは、ＪＴＩの買取オプションがあるからです。そして、ＪＴＩが買取オプションを提供できるのは、自分自身で借り上げる前提だからです」

Ａ夫「なるほどね。ところで、残価設定月は自分で決めることもできると書いてありますが、私が勤めている会社は今から20年後の55歳で役職定年（column 7）となるため、そこから給料がかなり減ってしまう可能性があるんです。２９４カ月じゃなくて、２４０カ月に残価設定月をしたプランもつくってもらっていいですか？

(2) 希望する残価設定月からローン条件を逆算

図表45は、X社担当者がA夫にいわれて作成した新しいプランです。

設例2　A夫「なるほど、当初ローンを35年ではなく30年に縮めると残価設定月が２４０カ月目になるのですね。そして、30年間の支払合計額は、早くオプションを行使するので、当初ローンの総支払額より１０００万円以上少なくなるけれど、逆に、50年間の支払いは５万円ほど割り負けるわけか」

B子「C羅がもし東京や京都の大学に入ったりすると何かとお金もかかるだろうし、55歳ぐらいで月返済を９万円以上圧縮できるのは確かに魅力ね」

A夫「14万円近く返すのはきつい感じがするけど、まあ、さすがに今から20年間ぐらいはお互い収入も増えていくだろうし、ボーナス払いを組み込めばなんとかなるかな」

B子「そうね。X社の新築住宅を賃貸するとなると、家賃は15万円を超えるでしょうから当然ともいえるわね。むしろ、家賃はボーナス払いなんかできないわけだし、団信があるから、A夫君が死ねば家は私のものになるわけだ……」

A夫「えぇー！　でも、考えてみると、役職定年がみえてきたら会社にしがみつくより、独立する可能性もあるよね。50代、60代の10年間に１０００万円支出を減らしたうえで、余裕があるならローンを期限前弁済するというやり方のほうが、何が何でも14万円近く返し続け

図表45｜香川県高松市の分譲住宅②
――お支払いプラン2（希望残価設定年齢にもとづくプラン）

残価設定月	240カ月	同月保証残価	15,872,000 円

当初住宅ローン 当初返済期間30年		返済額軽減オプション行使後 買取オプションつき・死亡時一括返済	
35歳～	—	**55歳～**	**85歳～＊**
138,000円	—	**46,000円**	**11,000円**
変動金利	変動金利	変動金利	変動金利
残高：44,640,000円		15,872,000円	**6,368,000円**

＊この年齢以降は元本据え置き

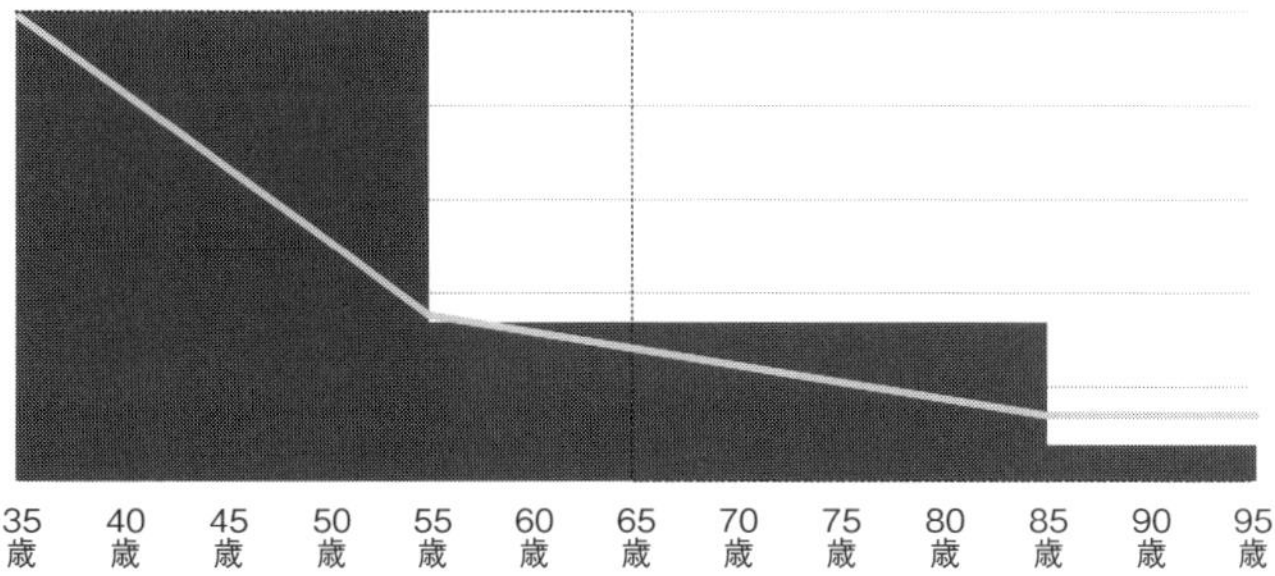

①当初ローン30年間の総返済額　：49,302,000円
②返済額軽減オプション行使時の30年間総返済額：38,344,000円（①－②：1,098,000円）
③同上　85歳までの総返済額：49,354,000円（①－③：▲52,000円）

るしかない状態よりずっと将来設計が描きやすくなるね」

B子「ちなみに、残価設定型住宅ローンを、そちらより1000万円安いビルダーさんの家で借りられれば100点なんですけど」

X社担当者「勘弁してくださいよ。でも、このローンは、JTIが、維持管理体制が万全と認めたJTIの社員企業が施工する認定長期優良住宅でないと借りられないんです。これまでのように、家を買ってローンを組むという発想じゃなくて、家の部材の一つとしてこういう仕組みがついていると思っていただければ……」

(金融電卓をたたいて)A夫「値段で1000万円違うといっても、月の支払いだと2万7000円ほどしか変わらないよね。これを20年貯金しても元本は650万円ぐらいにしかならないことを考えると、55歳から10年間で1000万円負担を減らせる、値段が1000万円高いブランド住宅にC羅と20年過ごせる価値のほうが大きいともいえるな」

X社担当者「ありがとうございます! そのトークいいですね。ほかのお客様にも使えそうです」

B子「感心してどうすんのよ。でもまあ、X社でいいかもなぁ」

何をもって家が「安い」と考えるか

私たちが家の「安い」「高い」を「体感」するのは、値段そのものよりは最終的なローンの支払いが月々いくらになるかによってです。ローンをいくら借りられるかも、年間の返済額と年収との比較で決まり、高くて価値のある家を買ったことで当然に余計に借りられるわけではありません。そして、返済は人生の3分の1程度の長きにわたり続くのですから、目先の返済額が「安い」かだけでなく、ライフタイムで考える必要があるのです。

2 都内1億円超物件の場合

(1) 残価設定型住宅ローンが借りられる家と借りられない家

次に、東京都内の事例をみてみましょう。

設例3 D太とE奈は、東京在住の夫婦で、D太は45歳、弁護士、E奈は48歳、税理士で共同事務所を開設しています。30代で都内にマンションを購入しましたが、中古マンションが値上がりして、高く売れそうなので、E奈の実家が近い東京都北区に土地を買って注文戸建住宅を建てることにしました。まだ、注文先は、大手住宅会社のY社か

図表46 東京都北区の注文住宅①

JTIの残価保証を活用したお支払いプラン例

対象住宅			
東京都北区○○	価格	土地	79,800,000
		建物（税込）	40,107,100
		諸経費（融資対象）	7,534,560
		合計	**127,441,660**

K社のどちらにしようか迷っています。
土地・建物・諸経費の合計は約一億三〇〇〇万円（図表46）、このうち、三〇〇〇万円をマンションの代金から住宅ローンを返したあとの残金も含めて自己資金で賄い、あとは長期固定金利のフラット35を借入限度額の八〇〇〇万円借りて、残りは、モーゲージバンクのプロパー融資を利用する予定です。

設例3－2　D太「私たちどちらも定年のない仕事をしていて、稼ぎも人並み以上だとは思いますが、体だけが資本みたいなところがあるので、80歳まで返済が続くことには抵抗があるんですよね。できれば、お互い60歳ぐらいからはペースダウンしたいなと思っているんですが、60歳までの15年間でローンを完済しようとすると、月々の支払いはどのぐらいになりますか?」
Y社担当者「約９７００万円のお借り入れになりますので、住宅金融支援機構のフラットとモーゲージバンクのプロパー住宅ローンの組み合わせですと、60万円ぐらいになりますね」
E奈「さすがに、月60万円の借金返済だとかなり荒稼ぎしないときついわね」
Y社担当者「そういうことでしたら、当社の注文住宅なら、最初は長めの期間で借りておいて、60歳から返済額を大幅に軽減できる残価設定型住宅ローンのご利用がお勧めです」
D太「それって、どこか別の銀行の商品かな。金利はこれから上がりそうだから、期限まで

図表47｜東京都北区の注文住宅②——残価設定型住宅ローンの提案書

購入時のお客様の年齢	45歳	ご希望残価設定年齢	60歳
指定金融機関	残価住宅ローン株式会社		
残価設定型住宅ローン名称	フラット＋プロパー		
自己資金　30,000,000		残価設定型住宅ローン	97,441,660

お支払いプラン（希望残価設定年齢にもとづくプラン）

残価設定月	180カ月	同月保証残価	45,429,000 円

当初住宅ローン 当初返済期間25年		返済額軽減オプション行使後 買取オプションつき・死亡時一括返済	
45歳～	55歳～	60歳～	95歳～＊
389,000円	407,000円	78,000円	42,000円
固定金利	固定金利	変動金利	変動金利
残高：97,441,660円		45,429,000円	33,546,000円

＊この年齢以降は元本据え置き

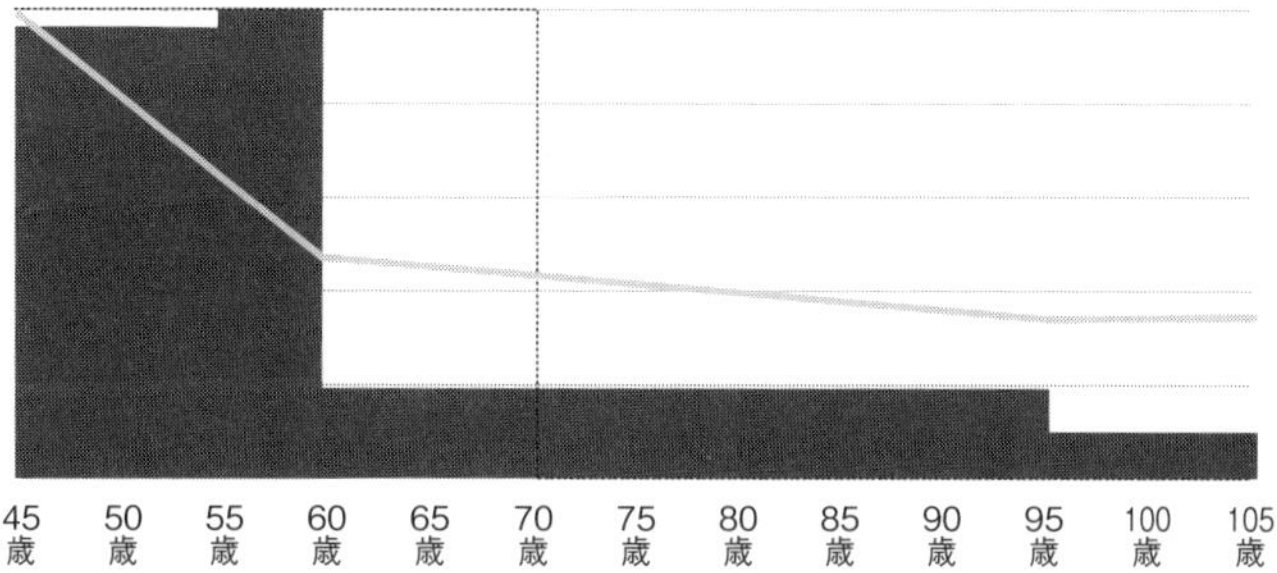

①当初ローン25年間の総返済額：121,055,000円
②返済額軽減オプション行使時の25年間総返済額：80,363,000円（①－②：40,692,000円）
③同上　95歳までの総返済額：103,572,000円（①－③：17,483,000円）

※　試算に使用した想定金利：当初ローン優遇期間：1.3800%　その後：1.8800%
　オプション行使後Ⅱ期[変動]：1.5000%　オプション行使後Ⅲ期[変動]：1.5000%

金利が変わらないフラットを借りたいんだけど」

Y社担当者「大丈夫です。残価設定型住宅ローンという名前ですけど、実体はフラットにオプションがついただけなんです。今ご検討いただいている家を前提にプランを作成してみますね」

図表47は、Y社担当者がＪＴＩから送付されたシートを用いて作成したプランです。

設例3－3 D太「最初の15年間が38万９０００円で、その時点の残高が４３４３万円。その時点で返済額軽減オプションを行使すれば、死亡時に一括して残高を返済するリバースモーゲージみたいな別のローンに切り替わり、これを月々７万８０００円で返していくわけですね。オプション行使後も金利は固定ですか？」

Y社担当者「そこからは、モーゲージバンクの融資になるため変動金利になります」

D太「まあ、返済額が減るので仮に金利が上がっても負担感は少ないですね。50年目以降４万２０００円に返済が減るのはどうして？」

Y社担当者「実は50年後に３３５５万円程度の残価を見込んでいて、それ以降は金利しか払わない純粋なリバースモーゲージになるからなんです」

E奈「そこまでのローン残高は、４３４３万円と３３５５万円の間ということになるわけね。

ただ、借主が死ねば団信でカバーされるわけでしょ」

Y社担当者「いいえ。返済額軽減オプション行使後は団信には加入できません」

D太「それじゃ、私が先に死んだらE奈は家を売って返すことになるのかな」

配偶者の継続居住と相続　住宅ローンの最大のメリットの一つが、団体信用生命保険です。返済額軽減オプション行使後は死亡時一括償還となる一方で、多くの金融機関で団信の取り扱いを行わないため、借主が死んだ後に配偶者が住み続けられるのか、家と一括返済債務を受け継ぐ相続人はどう対応すればよいのかが問題となります（第4章9）。

Y社担当者「配偶者様については連帯債務者になっていただくことで、そのまま返済を続ける限り住み続けることができます」

D太「なるほど、そのうえで、遺言をしてE奈に配偶者居住権（column 18）を設定することにしておけば、他の相続人との関係でも問題がおきませんね」

Y社担当者「はい。そのあたりはD太先生のほうがよくご存じですよね」

E奈「どっちも亡くなったときは、息子が相続すると思いますが、実は米国に住んでいて、このあとも彼が戻って住むことはないと思うのよね。そうすると、私たちが生きている間に借金を全部返してしまうより、借金を残して両建てで相続させたほうが、相続税の点からもいいかもしれないわね（column 16）」

Ｙ社担当者「はい。そのあたりはＥ奈先生がプロでいらっしゃいます」

Ｅ奈「で、家を売って借金を返すときに土地が値下がりしていたときはどうなるのかしら」

Ｙ社担当者「残価設定月以降は、ＪＴＩが常にその時点のローン残高で買い取る、買取オプションがついています。これを行使すれば損が出ることはありませんし、高値で売られるならそのまま売ればいいわけです」

Ｄ太「面白いですね。よくわかりました。それじゃ、Ｙ社さんには悪いけどＫ社にも同じローンの提案をしてもらったうえで、最終的に意思決定します」

Ｙ社担当者「さすが！　厳しいですね。ただ、Ｋ社さんは、大手ですけどＪＴＩに参加されていないため、残価設定型住宅ローンは使えないはずです」

Ｄ太「そうなんですか。率直なところ、Ｙ社さんもＫ社さんも品質や価格で大きな差はないし、あとは趣味の問題かなと思っていたのですが、そうすると、残価設定型住宅ローンの借りられるＹ社さんの住宅が俄然魅力的にみえますね」

(2)後日譚——住み替えとマイホーム借上げ制度の利用

残価設定型住宅ローンの提案の甲斐あって、Ｄ太とＥ奈は、Ｙ社で家を建てた。それから15年たち、Ｄ太がＹ社担当者に久しぶりに電話してきました。

設例4　D太「そろそろ残価設定月になるので、返済額軽減オプションの行使通知を出しました。その節はいろいろありがとうございました。ところで、これを機会に今の家はマイホーム借上げ制度でＪＴＩに借り上げてもらい、われわれ夫婦は山梨県に昔安値で買った土地が２００坪ほどあるので、ここまで貯めた貯金を少し取り崩して、二人で住んでリモートワークをするのにちょうどよい平屋の新居をつくって住み替えようと話をしています。ついては、いろいろ相談に乗ってもらえませんか」

Y社担当者「ありがとうございます。最近そういうお話がとても増えていて、当社ではニーズにピッタリな平屋建ての新商品を出したところです。ぜひご紹介させてください」

D太「借り上げのほうですが、ＪＴＩに査定をしてもらったら、このあたりですと家賃は、20万円程度とれそうということなので、手取り家賃から8万円程度の返済を引いても手元に10万円ぐらい残ります。これを本当に引退するときまで恒久化されたＮＩＳＡで運用していって年金の足しにしようかと思っています」

負債が残る家か資産になる家かはローンの工夫で決まる　住宅を45歳で買って35年のローンを組むと、これまでは80歳まで返済が続く負の資産になっていました。賃貸運用しても、ほとんどの場合、家賃だけでは月返済額を賄うことができないからです。しかし、残価設定型住宅ローンであれば、返済額が大幅に圧縮されるため、借り上げてもらえば、家賃でローンの返済を無理なく行い、多少の余りもでます。このように、家そのものの「資産価値」とは別に、ローンの種類によって、家が負債になったり、お金を生む資産になったりすることに注意が必要です。

3 超長期ローンと2つの残価オプションの組み合わせ

最近、住宅の価格上昇によって35年の住宅ローンでは返済が難しいため、住宅の営業担当者が40～50年という超長期ローンを勧める事例が増えているようです。

設例5 F太郎とG絵は東京在住の夫婦で、ともに30歳、それぞれ都内の会社に勤めています。ただ、コロナ禍をきっかけに勤め先で在宅勤務がかなり自由に認められるようになったため、G絵の実家のある山梨県甲府市に住み替えてX社の戸建分譲住宅を買うことにしました。

土地・請負・諸経費の合計は約３５２０万円（図表48）、このうち、９割を銀行から借りる予定ですが、住宅金融支援機構のフラット35だと月の支払額が10万円を超えてしまい少しきついことから、Z社営業担当者に、提携ローンがないかを聞いてみることにしました。

設例5－2　Z社担当者「地銀さんのローンもこのところ少し金利が上がり気味ですが、最近期間を40年まで伸ばすところが増えているので、返済額はかなり楽になりますよ」
G絵「でもそれだと70歳まで返済が続いてきついわね」
Z社担当者「そうなんです。当社でも単に目先の返済を楽にするために期限を延ばすことは勧めるべきでないと指導されています。ただ、うちの住宅なら残価設定型住宅ローンが借りられます。最近、山梨残価銀行さんが、ＪＴＩの指定金融機関になったので、そこの残価設定型住宅ローンを使って提案書をつくってみますね」

期間を延ばす効果は大きい　図表49は、期間を35年から3年延ばして38年にすることで、ちょうど55歳のときに、残価設定月が来るようにしたものです。期間35年ですと、月返済額が８万９０００円になるところ、３年延ばすと５０００円下がって８万４０００円になります。この事例では金利を１％で計算していますが、期間35年のままで金利を引き下げて月返済額を８万４０００円にするためには、金利を０・６２５％にまで引き下げる

図表48｜地方都市――JTIの残価保証を活用したお支払いプラン例

対象住宅			
山梨県甲府市○○	価格	土地	8,800,000
		建物（税込）	25,400,000
		諸経費（融資対象）	1,000,000
		合計	**35,200,000**

図表49 | 地方都市――期間を35年から38年へ

購入時のお客様の年齢		30歳	ご希望残価設定年齢		55歳
指定金融機関		山梨残価銀行			
残価設定型住宅ローン名称		○○			
自己資金	3,520,000		残価設定型住宅ローン	31,680,000	

お支払いプラン（希望残価設定年齢にもとづくプラン）

残価設定月	300カ月	同月保証残価	12,031,000 円

当初住宅ローン 当初返済期間 38年		返済額軽減オプション行使後 買取オプションつき・死亡時一括返済	
30歳～	―	55歳～	80歳～＊
84,000円	―	40,000円	7,000円
変動金利		変動金利	変動金利
残高：31,680,000円		12,031,000円	4,224,000円

＊この年齢以降は元本据え置き

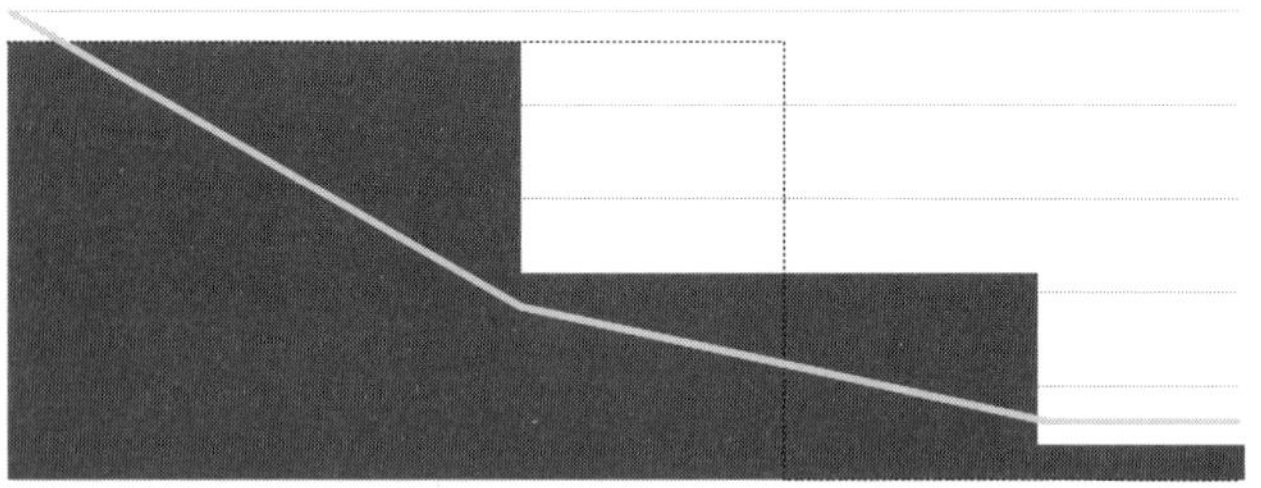

①当初ローン38年間の総返済額　　　　　　：38,018,000円
②返済額軽減オプション行使時の38年間総返済額：31,305,000円（①－②：6,713,000円）
③同上　　　　　　　　　　80歳までの総返済額：37,243,000円（①－③：775,000円）

※　試算に使用した想定金利：当初ローン優遇期間：1.3800%　その後：1.8800%
　　オプション行使後Ⅱ期[変動]：1.5000%　オプション行使後Ⅲ期[変動]：1.5000%

必要があります。期間を延ばす効果は非常に大きいのです。銀行も信用リスクさえ気にしなければ金利の引き下げより期間を延ばすほうが収益上有利です。

ただ、それでは68歳まで返済が続きます。しかし、残価設定月が到来する55歳で返済額軽減オプションを行使すれば、返済額が４万円と半額以下となります。

設例5-3 Ｆ太郎「これなら、まさに家賃程度の返済で新築のブランド住宅に住めますね」

Ｇ絵「でも、55歳頃には子どもも大学を卒業するし、親も歳をとるから、そのあたりで実家に夫婦で住み替えてもいいんじゃないかな」

Ｚ社担当者「それなら、その時点で買取オプションを使えば、ＪＴＩに、家とローンの残債務を併せて引き受けてもらえます」

Ｆ太郎「なるほど。家を買うけど住み替えるときは、借家と同様返せばいいだけということですね」

ローンの期間を35年より延ばすと老後の返済負担がますます厳しくなりますが、残価設定型住宅ローンなら、目先の返済を期間の延長で抑えつつ、将来の返済負担も大幅に圧縮できるので、ローン長期化の弊害を回避することができます。

逆に、こうした配慮をせずに、期間35年なら貸せないはずの金額のローンを、目先の負担が減って審査を通せるというだけで、老後への配慮なく貸し付ける金融機関があるとすれば、「顧客本位」の対応とは到底いえないでしょう（第7章1⑵）。

もちろん、残価設定型住宅ローンは当面一部の長期優良住宅にしか対応できないので、これに対する完全な回答にはなっていません。さらに、今後この適応範囲が広がっていったとしても、どんな家でも対応可能というわけにはいきません。逆にいえば、そういう努力をすることなく安易にローン期間を長期化することは、決して借主のためにならないということを意識する必要があります。

4　50歳で家を建て替え

⑴ 老後に備えて二世帯住宅に建て替える

制度を導入してから、予想以上に多くみられるのが、50代の建て替え需要です。

設例6　大手企業に勤めるH夫（50歳）は、父親の死後、妻・子ども

図表50　東京近郊の事例――JTIの残価保証を活用したお支払いプラン例

対象住宅	価格	土地	土地あり等
神奈川県横浜市○○	価格	建物（税込）	58,300,000
		諸経費（融資対象）	330,000
		合計	**58,630,000**

とH夫の母とともに、横浜市にあるH夫の実家に住んでいます。家が老朽化してきたため、老後も見越して二世帯住宅をY社で建てることにしました。土地は相続時にすべてH夫の名義にしてあります。

建物代金は５８３０万円と多少高額ですが、土地はありますし、現状はそこそこの年収があるため審査は問題なさそうなので、貯金は温存して全額住宅ローンを借りるつもりです。ただし、あと10年で定年となり、延長雇用にあたっては給料が減るので、50歳から住宅ローンを完済年齢の上限の80歳まで借りることには抵抗があります。

図表51は、Y社担当者の用意したプランです。

二世帯住宅は、子どもが同居老親と同居する前提で建てることが多く、この場合には親子が連帯債務者になって借り入れる親子リレー型のローン等を利用して負担を引き継いでいきます。

一方、この事例のように、将来子どもとの同居を想定して元気な間に二世帯住宅を建てておく人もあり、その場合、まだ子どもは大学生か、就職していても自分のことで精いっぱいで親のローンを保証したり引き継いだりすることは難しいため、親子リレーを使うことは困難となります。

しかし、建て替えであれば、残価設定型住宅ローンを利用すれば、借入額が建物代金ですむため、残価設定月が借りてから10～15年程度となることも稀ではありません。このため、現役

図表51 二世帯住宅建て替えの資金プラン

購入時のお客様の年齢		50歳	ご希望残価設定年齢	60歳
指定金融機関		残価住宅ローン株式会社		
残価設定型住宅ローン名称		○○		
自己資金	0	残価設定型住宅ローン		58,630,000

お支払いプラン（希望残価設定年齢にもとづくプラン）

残価設定月	120カ月	同月保証残価	48,445,000 円

当初住宅ローン 当初返済期間 39年		返済額軽減オプション行使後 買取オプションつき・死亡時一括返済	
50歳〜	—	60歳〜	100歳〜＊
191,000円	—	108,000円	48,000円
固定金利		変動金利	変動金利
残高：58,630,000円		48,445,000円	28,704,000円

＊この年齢以降は元本据え置き

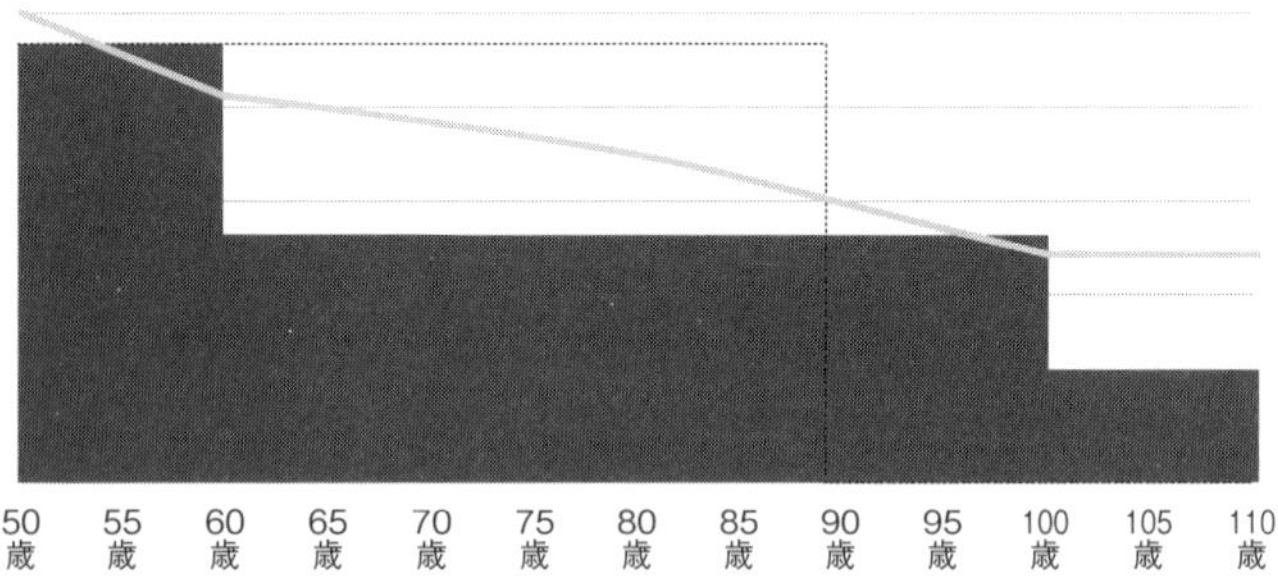

①当初ローン39年間の総返済額：89,873,000円
②返済額軽減オプション行使時の39年間総返済額：60,511,000円（①−②：29,362,000円）
③同上　100歳までの総返済額：74,429,000円（①−③：15,444,000円）

※　試算に使用した想定金利：当初ローン[固定]：2.36%
　　オプション行使後Ⅱ期[変動]：2%　オプション行使後Ⅲ期[変動]：2%

の期間中がんばって返せば、その後はオプション行使で返済額を大幅に圧縮することができるわけです。

設例6－2　H夫「これだと安心ですね。ところで、S銀行から、60歳を超えて給料が下がったらリバースモーゲージ（第4章10(1)）に借り換えればよいといわれているんだけど、どう思いますか?」

Y社担当者「その時点の残高を全部リバースモーゲージで借り換えられればいいですけど、リバースモーゲージは担保評価が厳しくて、借りられる額に限度があるため、不足額が生じる可能性がありますね。S銀行の担当者は『必ず借り換えられる仕組みになっています』と言っていますか?」

H夫「いや、単に一般論です。いざ借り換えようとしたときに不足額が出ないか確認しても、『その時点で査定をしてみないと分からない』としか答えてくれません」

Y社担当者「それなら、むしろ残価設定型住宅ローンで60歳からの返済額を確実に圧縮できるようにしておいたうえで、返済額軽減オプションを行使するときに、もう一つのオプションとしてリバースモーゲージに借り換えられるかを確認されればよいと思います。別にS銀行でなくても、ほとんどの銀行は住宅金融支援機構のリ・バース60という融資保険を利用しているので、商品性はあまり変わらないと思いますよ」

(2) 後日譚——家は子どもが移り住んで自分たちは田舎暮らしに

設例6－3　H夫は、60歳になったところで、子どもと同居せず、妻の実家がある地方に移住して、田舎暮らしを楽しむことにしました。子どもは家に住み続けますが30歳になっているのである程度家賃を払わせるつもりです。

移住後に子どもが住む場合の負担が縮減　60歳で移住したあと、30歳前後になっているはずの子どもに住まわせる場合、返済額軽減オプションを行使すれば返済額が10万8000円になるため、その程度の家賃を払ってもらえば無理なく返済を続けられます。横浜市で一軒家を借りることを考えると格安の家賃ということができます。もちろん、親が亡くなったときに一括返済する必要が生じますが、その時点の残高はかなり少なくなっているはずです。結果的には、これまで親の家を無償で相続させていたものを、有償ではあるが、親の代よりは低い負担で子どもに受け継ぐことになるわけです。

5 その他のケース

ここまで代表的な事例をケースにしてみました。以下、実際にあった事例や検討中の事例からいくつか応用的な要素を含むものを2つ紹介しましょう。

(1) 親の土地を使用貸借――残価設定月が早い時期に

親の土地に子どもが自分たちの別棟を建てる場合、市場相応の家賃を払わないと税法上は家賃相当額の贈与があったとされるため、家賃をもらわない使用貸借契約とすることが多いようです。

使用貸借の場合、貸主に請求されればいつでも土地を明け渡さないといけませんので建物代金について住宅ローンを借りることは難しいのですが、親子等親族間の場合には、土地所有者である親が土地に抵当権を設定（物上保証といいます）することを条件に住宅ローンを借りることができます。この場合、建て替えの場合と同様、借入額が建物代金だけですむため、残価設定型住宅ローンの残価設定月が、かなり早い時期に設定できます。

column 30　親の敷地を借りて家を建てたときの税法の取り扱い

親の敷地に子どもが家を建てる場合、使用貸借ならいつでも返さなければならないため借地人の権利はゼロと考えられることから贈与税はかかりません。その代わり、親が亡くなったときは土地をまるまる相続したとして相続税がかかります。これに対し、親子でも市場相当の家賃を支払えば賃貸借契約となり、借地借家法で強く守られた借地権が子どもに発生しますから（column 23）、将来土地を相続したときは、借地権の評価額を除いた分にだけ相続税がかかります。一方、家賃がかたちばかりで安すぎるときは、借地権の贈与があったとみなされて贈与税がかかります。これを避けたいときは、契約が使用貸借であることを、税務署に届けておく仕組みがあります（詳しくは、国税庁のｗｅｂサービスである、タックスアンサーNo.4555を参照）。

(2) 賃貸併用住宅を建てる——残価設定型住宅ローンの一体融資で魅力的なプランを提供

所有している土地が自分の住まいを建てるよりも広かったり、大都市で容積率（敷地面積の何倍までの広さの家を建ててよいかという制限）が大きかったりする場合、自分で住む部分のほかに、賃貸する部分を設けて家賃を住宅ローンの返済や老後の収入源とすることがあります。これを賃貸併用住宅といい、住宅金融支援機構をはじめ多くの金融機関は、賃貸部分の面積が2分の1以内であれば、自己居住部分について住宅ローンを組むことを認めており、残価設定型住宅ローンもこれに倣っています。

この場合、賃貸部分は住宅ローンよりは条件が厳しい事業用の住宅担保ローンを借りることになります。しかし、金融機関によっては、賃貸併用住宅の建築をサポートするため、賃貸部分の面積が2分の1以内なら、賃貸部分も含めた全体について、一般の住宅ローンの利用を認めるところがあります。政府が老後資金について公的年金のみに頼らず自助努力を求めるようになっているなか、アパート経営とまではいえない自宅の資産活用を促進する金融機関の取り扱いは大いに推奨すべきです。

実は、残価設定型住宅ローンを取り扱う指定金融機関のなかにも、一般の住宅ローンについてこうした対応を行っているところがあります。もし、残価設定型住宅ローンで同様の対応がなされれば、もともと土地を所有していることで残価設定月がかなり前倒しになるため、返済額軽減オプションを行使することにより、家賃収入だけで自己居住部分も含めたローンの返済を無理なく行うことができるようになります。まさに、「年金になる家」をローンの側から支援することができるわけです。

column 31　下宿と賃貸併用住宅

昔の都市部では、子どもが巣立ったあとの家の一部を老夫婦や夫に先立たれた女性が間貸しする「下宿」が地方出身の学生や独身者の住まいとして一般的でした。下宿は、まだ年金制度が十分でない時代に、引退したり働き手を失ったりした家計を収入面で補完するとともに、間貸しを通じて入居者間やオーナーと入居者の間に、一種の共同体的な関係を生みだすことで、相互見守り的な機能も提供していたということができるように思います。

これに対し、最近は住まいに高いプライバシーが求められるようになりました。このため、「間貸し」ではなく、「居住部分」と「賃貸部分」を接合した賃貸併用住宅が、下宿に代わる自宅の賃貸活用の形態になってきたということかもしれません。

ただし、最近は、シェアードハウスにみられるように、若い人たちの間で、むしろ、下宿にあった居住者間の共同体的な関係を意識的に求める傾向も生まれています。今後は、賃貸併用住宅にも入居者との一定の人的関係を持とうと思えば持つことができるような、ハード的工夫を備えた中間型が登場するかもしれません。

こうした変動期にあって、住宅金融も「自己居住」と「事業用賃貸」を峻別するのではなく、そうした社会的な動きを丁寧に資金面からフォローすることが期待されています。

6 すでに借りている住宅ローンに2つのオプションをつけることはできますか?

ここまで、これから家を買う人を中心に考えてきました。

ところで、この本を読んでおられる方のなかには、すでに住宅ローンを借りて家を買ってしまった方もいるかもしれません。もともと、残価設定型住宅ローンは普通の住宅ローンに２つのオプションをつけたものにすぎません。では、すでに借りている住宅ローンに、ＪＴＩに頼んであとからオプションをつけることは可能でしょうか？　もし可能なら、第４章10(1)で取り上げたリバースモーゲージよりも魅力的な借り換えの選択肢となり得ます。

理論的にいえば、買ったときに戻って残価保証の条件を計算し、そこから何年経過しているかを考慮すれば、途中からでもオプションをつけて残価設定型住宅ローンにすることは可能です。しかし、そのためには、いくつか問題があります。

まず、買取オプションが長期にわたり賃貸運用することを前提にした収益還元価値を基礎にしているため、現時点では住宅ローンの担保となっている家が長期優良住宅の認定を受けていることに加え、長期にわたる残価保証の期間についてしっかりと維持管理ができる体制があるとＪＴＩが認めた事業者の施工住宅であることが必要です。

実は、残価設定型住宅ローンの導入に先だって２００８年に開始した、かせるストック証明書制度（第５章５）にもとづいて証明書を発行した住宅がすでに15万棟を超えています。この大半については、比較的容易に前述の条件を満たす仕組みが用意できます。

一方、施工事業者が各地域の中堅中小先の場合には、借り換えはもちろん新築についても、長期にわたってしっかりとした維持管理体制が提供できるかどうかをどうやって保障するかが大きな問題となります。

逆にいえば、そうした問題が解消されれば、中堅・中小事業者が施工したものを含む認定長期優良住宅を購入した人に、新築・既存にかかわらず残価保証を行うことが可能となります。この点については、「あとがきに代えて」で今後の展望について触れることにしたいと思います。

第7章

住宅ビジネスや住宅金融のあり方はどう変わるでしょう？

筆者は残価設定型住宅ローンを金融機関や住宅事業者のビジネスのために開発したわけではありません。しかし、第3章で述べたように残価設定型住宅ローンは、今の平均的日本人が、生きていくために欠かせない衣食住の一つである「住」を安心して確保するために欠かせない工夫です。そうだとすれば、残価設定型住宅ローンや残価設定型住宅ローンが借りられる家を提供することを通じて、そうしたニーズに積極的に応えることは、それぞれの商品・サービスの差別化につながるはずです。

そこで、本章では、残価設定型住宅ローンが住宅金融や住宅ビジネスのあり方をどのように変えうるかについて考えてみたいと思います。

1　銀行にも顧客にも問題が多い現在の住宅ローン

(1) レッドオーシャン——収益性が低い住宅ローンビジネス

本来は魅力的なビジネス　企業向けの貸し出しが伸び悩むなかで、住宅ローンは、金融機関の個人向け貸し付けのなかではリスクが相対的に低く、貸出額が大きいことから費用効率がよいという特徴があります。また、住宅ローンを貸し、給与振込口座を確保することで家計のメインバンクとなれば、最近イノベーションの中心になっている決済ビジネスや、収益性の高い資産運用ビジネスといった関連ビジネスにつなげることが期待できます。ローン自体から得られる利ざやや収入が小さくても、総合的な収益は決して小さくないのです。

実際には熾烈な値下げ競争　ただし、金融商品としての住宅ローンはそれほど高度なものではなく、誰がやっても商品性に大きな差が出ないため、どうしても金利競争に陥りがちです。特に、ゼロ金利状態が続いている最近は、すべての金融機関が案件獲得のために熾烈な金利・手数料競争を繰り広げています。

図表52は、全国銀行協会が発表している、銀行の資産全体の利回りと資金調達原価（預金等の調達金利に人件費等のコストを加えた仕入れコスト）、そして、その差、つまり儲けにあたる総資金利ざやをみたものです。都市銀行の総資金利ざやは０・０７％ですから、３０００万円の

図表52｜銀行の運用利回りと調達原価

国内業務部門の資金運用利回り・資金調達原価および利ざや（2021年度）

	貸出金利回り	資金運用利回り（A）	資金調達原価（B）	総資金利ざや（A－B）	3,000万円に対する年間の利ざや額	住宅ローン金利※	資金調達原価との差
都市銀行	0.79%	0.51%	0.44%	0.07%	21,000円	0.42%	-0.02%
地方銀行	0.94%	0.81%	0.59%	0.22%	66,000円		-0.17%
第二地方銀行	1.08%	0.90%	0.72%	0.18%	54,000円		-1.14%

※　モゲチェック社の住宅ローンお薦めランキング上位10社の平均貸出金利（2023年2月）
（出所）全国銀行協会「全国銀行財務諸表分析」より筆者作成

融資をして平均で1年に2万1000円の儲けしかないというわけです。執筆時点で、ある住宅ローンの条件比較サイトの一つがお薦めとする上位10社の金利の平均は0・42%でした。利ざや収入をみる限り、この金利水準ではどの業態でも赤字になります。

住宅ローンビジネスは、多くのライバル銀行が血で血を洗う激しい戦いを繰り広げるレッドオーシャン（血の海）状態といってよいでしょう。

column 32　基準金利と適用金利

皆さんが、住宅ローンを借りるときに実際に適用される金利とは別に、銀行は、住宅ローンを貸す際に基準となる金利を定めています。これを基準金利とか標準金利と呼んでいます。2022年2月現在の変動金利型の基準金利は、おしなべて2・4%前後で、2009年頃からほぼ一定です。ただ、そんな高い金利を実際に適用している銀行は皆無で、いろいろな「優遇」条件を設けて大幅な引き下げをすることで、最近一般的な1%を切る適用金利としています。基準金利は、普通の商品でいうと「定価」にあたるものですが、定価はメーカーが定めるもので、これを値引いて売値を決めるのは小売業者なのに対し、基準金利は銀行が自分で決めながら、ほぼすべての場合に大幅な優遇をして、実際に基準金利で貸すことは事実上ないという不思議なものです。ほぼ全件について半値以下にするようなものを「基準」と呼んでよいのかという素朴な疑問はさておくとして、変動金利を優遇する場合、基準金利が変動すると、優遇後の金利も同じだけ変動します。

以前は当初10年間だけ優遇幅を維持するといった商品が主体でしたが、最近は、期限まで全期間優遇幅を維持するものもあります。前者の場合、優遇がなくなると金利が大幅に上がりますから注意が必要です。また、優遇は「何%を差し引く」というかたちが一般的で、「何%を割り引く」というかたちではないため、金利の絶対水準が上がれば金利に占める優遇の比率は下がります。

(2) 値引きか目くらましか?

とはいうものの、競争の結果本当に借主のコストが安くなっているなら、それはそれでよいという割り切りもあってよいと思います。衣食住の一つである住の確保になくてはならない住宅ローンが安く、安定的に得られることは、第1章でも述べたように、それ自体が国民の福利厚生を確保するための社会インフラだからです。

Teaser Rate　しかし、金利が極端に引き下げられているのは変動金利建てのものがほとんどで、住宅金融支援機構のフラット35のように35年間金利が一定である固定金利建ての金利をみると、フラットに比べて随分高い金利になっていることが分かります。

ところで、変動金利建てであれば、市場の金利が上昇すればそれに合わせて金利を引き上げることができます。これに対して、銀行の資金調達は、もともと金利がゼロかほとんど金利のつかない当座預金や普通預金が主体なので、市場金利が上昇しても金利はそれほど上昇しません。つまり、市場金利が上昇すれば、変動金利建ての貸付資産の利ざや率は拡大していくのです。

２０２３年３月現在、何年も続いたゼロ金利政策に変更のきざしが見え始めていますから、この先35年という期間を考えれば、金利が上昇する可能性は高いと考えられます。そうだとすれば、今歯を食いしばって変動金利の住宅ローンを貸し付けておけば、案外早い時期に十分な利ざやを確保できる優良資産に変わる可能性があるわけです。シェアを獲得するために採算を度外視して設定する非常に低い金利のことを、ティーザーレート（teaser rate）といいます。最近の安い住宅ローン金利は、そういう性格が強いようにも思えるのです。

超長期ローンの問題　さらに、第6章3で述べたように、最近は期間を35年よりさらに長くすることで目先の返済額を抑えることも一般的になっています。

実は目先の返済額を少なくすると、年間の返済額を年収で割った総返済比率という数値が下がります。ほとんどの金融機関は融資審査で総返済比率が30％や35％といった一定比率以下となるように融資可能額の上限を決めていますので、期間を長くすると、借りられる額が増えるわけです。

コロナ禍や円安による輸入資材の高騰等から家の価格についても値上げが続いていますので、融資可能額が増えることは、借主だけでなく、住宅事業者からみても魅力的です。このため、住宅事業者から借主の紹介を取るために、自ら積極的にこうした点を売り込んでいる銀行も少なくないと聞きます。

もう随分前の話になりますが、１９９０年代初頭のバブル経済崩壊により巨額の不良債権を抱えて業界全体が破綻した住宅金融専門会社は、理由こそ異なりますが、高騰する住宅が買いやすくなるよう、50年はおろか１００年住宅ローンまで貸すようになっていました。筆者は個人的に住専の処理に関与し、住宅ローンのために人生を破壊された人を数多くみてきました。

住宅ローンのように借主の人生に大きな影響を与える融資について、借主の人生全体を見越して将来にわたってできる限り問題が起きないような商品設計にすることは、社会の公器を自称する銀行にとって当然の義務ということができます。

残価設定型住宅ローンのように返済額軽減や買い取りのオプションをつけるといった、老後返済負担への配慮をせずに、ただ、表面上の返済比率が引き下げられるからといって超長期のローンを提供することは、住宅事業者と結託して、収入が少ない顧客に、ともかくローンを借りさせることを優先しているといわれても仕方ないのではないでしょうか。

先楽後憂　このように、最近の民間銀行の住宅ローンは、安いというよりは、先憂後楽ならぬ、先楽後憂を狙った商品にすぎず、銀行を監督する金融庁のいう「顧客本位の業務運営」とは少々距離感があるようにも思えるのです。

2　残価設定型住宅ローンは住宅金融のあり方を変える

そうしたなか、今後残価設定型住宅ローンが普及すれば、これまでの住宅ローンビジネスのあり方が、大きく変わる可能性があります。

(1)「良いローン」の基準が変わる

まず、多くの価格比較サイトで行われているような、主として金利の高低でローンの良し悪しを決める現在の「競争のルール」が変わります。

金利の高低でローンの良し悪しは決められない　そもそも、住宅ローンの金利が安いか高いかを単純に利率の高低で決めることはできません。変動金利建てなら、当面利率が低くても、将来市場金利が上昇すると非常に高い金利になることがあり得ます。一方、固定金利は、当面利率がかなり高めですが、将来金利が上昇すればするだけ有利になります。しかし、結局金利が上昇しない可能性もあるのですから、どちらが有利かは誰にも分かりません。

ファイナンス理論を用いれば、変動金利と理論的に同じと考えてよい固定金利の水準（あるいはその反対）を求めることはできます。しかし、住宅ローンは、月払いのうえ、期間が長く、さらに期限前弁済が制約されていないことから、そうした理論値を計算することは非常に難しく、その方法についても異なる複数の考え方があります。

さらに、それが分かったからといって、現実世界で起こることは、金利が上がれば固定が得だし、金利が変わらなければ変動が得になるのであって、理論値が同じだから結果も同じというわけではないのです。このため、金利を安いとみるか、高いとみるかは、最終的に個々人の判断に委ねるしかありませんし、何が正解ということがあるわけでもありません。

良い住宅ローンの条件　では、住宅ローンの良し悪しは何で決まるのでしょうか。筆者は、残価設定型住宅ローンの開発に関わるなかで、良い住宅ローンの条件とは次のようなものではないかと考えるようになりました。これらが満たされているなら、あとは、自分が良いと考える金利種類（変動、固定等）のなかで一番有利な条件を選べばよいわけですが、その反対ではないということです。

①ライフチェンジの必要性が生じているのに、住宅ローンのために、住生活が変えられなかったり、住宅ローンの処理のために追加的な負担が生じたりしないこと

②定年のように確実に予想ができる将来の収入減につながる人生の節目において、毎月の返済負担を引き下げることができること。さらに、生涯の返済負担は通常の住宅ローンと大きく変わらないこと

③借主の返済能力とは別に、資産価値の高い家を買ったなら、それに応じて、良い条件の住宅ローンを借りることができること。さらにいえば、個人の返済能力の如何にかかわらず、家の資産価値に応じて住宅ローンを借りることができること

④住宅の価格に、自分の代で使い切れない価値が含まれているなら、それは次の世代に負担してもらうことにして、自分が住む期間の価値だけを結果的に買うことができる工夫につながること

すでにみてきたように、残価設定型住宅ローンは不完全ながら、これらの課題に正面から向き合った先憂後楽型の商品設計となっています。

残念ながら、今のところはまだ、ほとんどの人が目先の金利や返済額でローンを選択していますし、ローンの比較サイトや、住宅ローンの専門家を自称するファイナンシャルプランナーの人たちのアドバイスにも、このような視点は含まれていません。住宅金融支援機構やほとんどの銀行も、こうした視点から新しい住宅ローンを開発しませんかという筆者の問いかけには無反応でした。しかし、筆者は、今後残価設定型住宅ローンが徐々に普及していくにつれて、これらの点が良いローンの条件として認知されるようになっていくと考えています。

⑵ブルーオーシャン——住宅ローン販売のビジネスモデルが変わる

これまで、住宅のセールスと住宅ローンの借り入れはそれぞれ別個のビジネスでした。住宅の購入者は「どの住宅事業者から買うか」「どの住宅事業者に建ててもらうか」を決めてから、「どの金融機関から住宅ローンを借りるか」を決めます。もちろん、逆のこともあるでしょうけれど、最近は、住宅ローンが借りられないということはまずないので、家の商談をしているうちは、ローンのことは漠然としか考えていないことが多いと思います。

もちろん、売買や請負契約を結んでから、顧客がローンを借りられないと破談になってしまいますから、いくつかの銀行と提携しておいて融資審査の結果が営業担当者に分かるようにしたり、通常より多少魅力的な優遇条件を出してもらったりはしますが、それを超えて、自分たちの住宅でしか借りられない特別な住宅ローンで家自体を差別化するという発想はありませんでした。一方の銀行にしても、よほど独占的にローンを取り扱わせてもらうのでない限り、特定の住宅メーカーにだけ良い条件を出すわけにはいかないわけです。

残価設定型住宅ローンは支店では売れない　これに対し、残価保証の対象となる住宅は、特定の住宅事業者が施工し、さらに、認定長期優良住宅の認定を受ける等の基準を充たした住宅に限られます。そして、残価保証ができるかどうかの査定は貸主ではなくＪＴＩが行います。そうなると、借り入れを希望する者が銀行の支店に来ても、そもそも貸してよいかどうかが分かりません。

これまでの発想だと、新しい住宅ローンが開発されれば、銀行のすべての支店が取り扱うことがあたり前でした。これに対して、残価設定型住宅ローンの場合、支店で取り扱うとかえってトラブルのもととなりますので、支店では取り扱わずに、対象となる住宅を取り扱う住宅事業者からローンを取り次いでもらうことが基本となります。

もちろん、支店に来訪した顧客を特定の住宅事業者に紹介するという逆の方向もあり得なくはないですが、「残価設定型住宅ローンをご利用なさるのでしたら、○○ハウスをご紹介します」といって気安く誘導してよいかは疑問です。どこで借りても普通は金利ぐらいしか差がない住宅ローンと違って、家は事業者によって内容も価格もまったく異なるからです。

B2B2C型住宅ローンチャネル　このように、残価設定型住宅ローンは、銀行に対して従来の支店を通じたローン販売のビジネスモデルから、住宅事業者を販売チャネルとする新たなビジネスモデルへの移行を迫ります。こうした、事業者（Business）を介して、顧客（Customer）を獲得するビジネスモデルを**B2B2C（Business to Business to Consumer）モデル**といいます（図表53）。実は、住宅ローンについては、B2B2Cモデルを採用することに高い合理性があります。

まず、何よりも、いつ誰が来るか分からない顧客を支店で待ち受けたり広告を打ったりしないでも、確実に紹介が得られるので、効率性が高まります。すでにみたように、住宅ローンは

図表53　従来型モデルとB2B2C型モデル

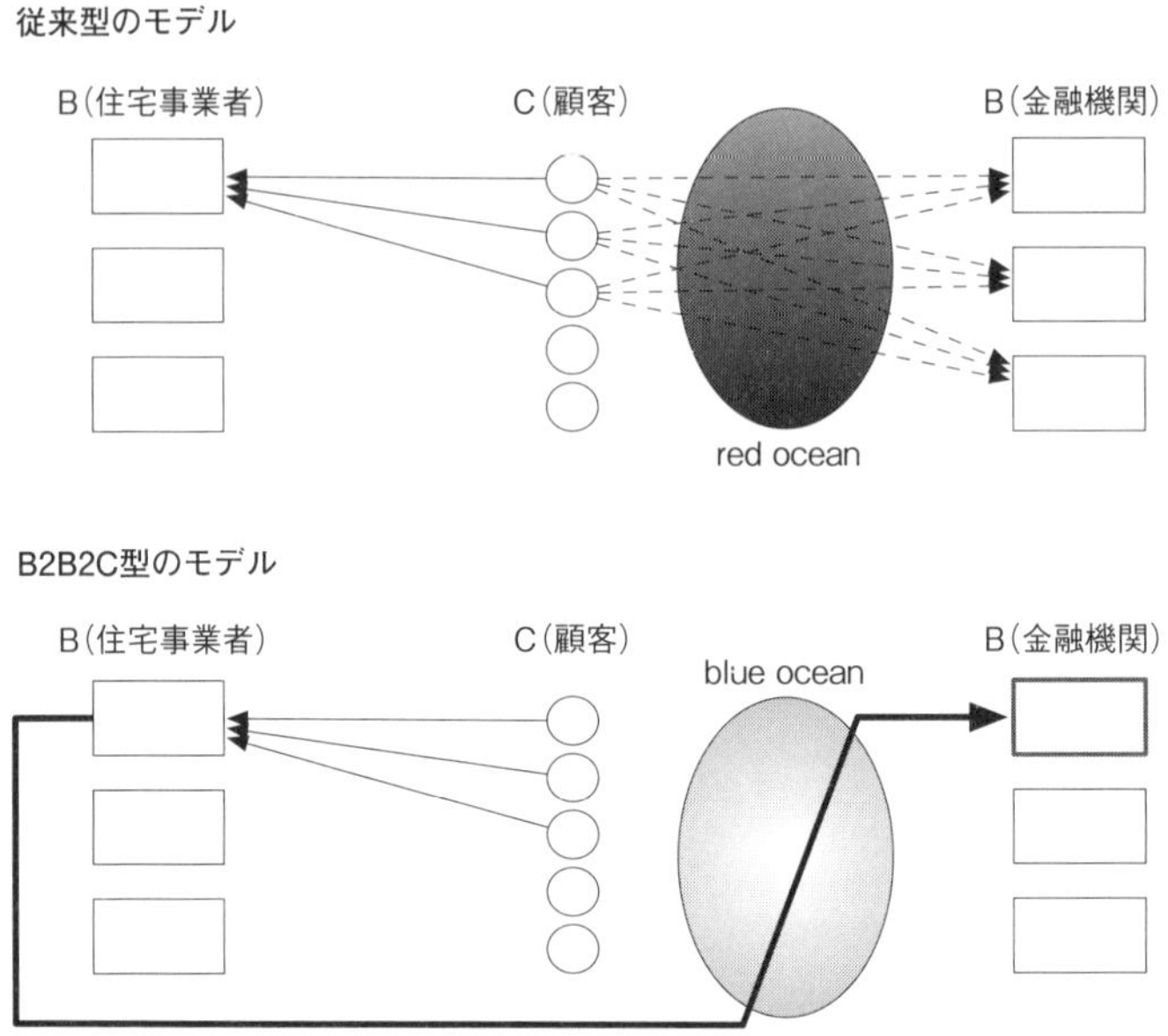

利ざやが薄いためローンを出すための営業コストを圧縮することに大きな意味があるのです。

次に、図表54からも分かるように、住宅ローンの選択にあたっては住宅事業者からの情報が最も大きな影響を与えています。家を建ててもらったり買ったりすることは、大袈裟にいえば相手方の事業者に命を預けることに等しいので、住宅の営業担当者への信頼は自然と大きなものになります。

打算的に考えても、お金が借りられなければ家を建てたり買ったりできないわけですから、住宅の営業担当者と借主は、金融機関に対して共通の利害を持ちます。こ

図表54｜住宅事業者は住宅ローンの意思決定に大きな役割

住宅ローンを利用するうえで役立った情報源上位５（複数回答）

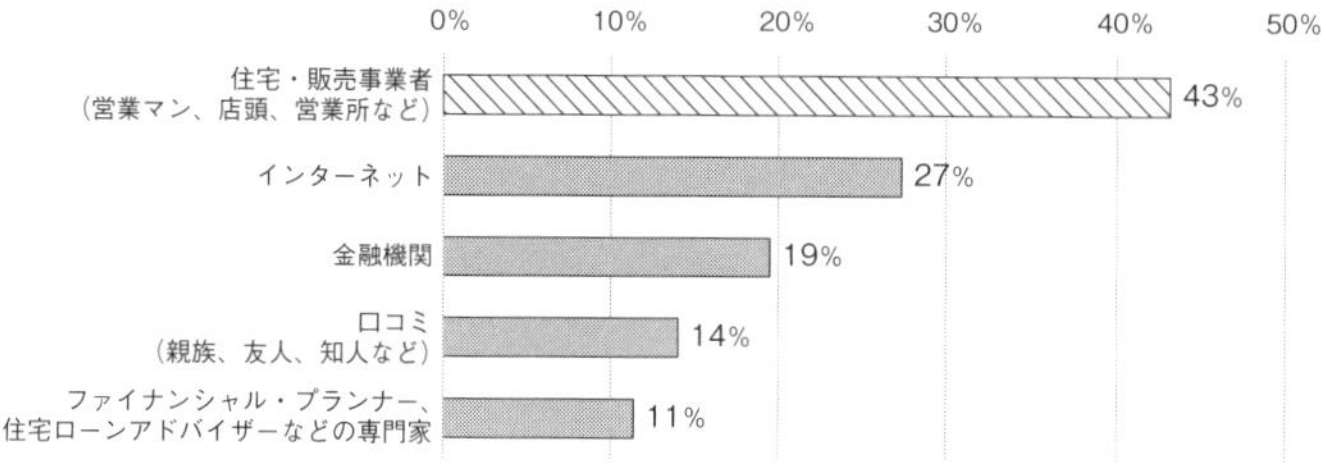

（出所）住宅金融支援機構「住宅ローン利用者の実態調査」（2020年5月）より（民間＋フラットの加重平均）、n＝1,500（民間：1,369、フラット：131）

のため、そのアドバイスはネットの比較サイトが普及した今でも、それに勝る影響力を持つわけです。

さらに、残価設定型住宅ローンは、特定の住宅事業者の家についてしか借りることができません。これを、住宅事業者からみると、その点を他社との差別化のために使えるということになります。

普通は、住宅ローンのアドバイスはまず住宅の受注を取ってから行いますし、だからこそ、金融機関からみると金利等を比較されてビューティーコンテスト（美人投票）になってしまうわけですが、家の差別化のために有効ということになれば、まだ受注を取る前の商談の早い段階から残価設定型住宅ローンについてだけは説明をすることになります。一方の顧客も「残価設定型住宅ローンが使える家であること」を、家の購入にあたり重要な要素と考えます。

つまり、少なくともこの段階では、オンリーワンのローンとなるわけです。もちろん、その後に改めてビューティーコンテストがなされて別のところから超低金利の住宅ローンを借りる結果となることもあるでしょう。しかし、ビューティーコンテストより前の段階で「家の魅力」を構成する一要素となることで、ビジネスにつながる可能性は相当に高くなっているはずです。

ブルーオーシャンへ　こうして、残価設定型住宅ローンがあることによって、これまでのレッドオーシャン状態の競争から頭一つ抜け出て、経費効率の良いブルーオーシャン（青い海）に移れる可能性が高まるわけです。

(3)「金融商品」から「家の部材」へ

家の部材としての残価設定型住宅ローン　こうしたビジネスモデルを突き詰めると、残価設定型住宅ローンは、家を買うための「借金」というよりは、「住宅の付加価値を高める部材」といってもよいものとなります。そして、金融機関はこの部材を供給する系列企業の一つに身を連ねることによって、自ら営業活動をすることなく「残価保証つきの家」が売れれば、借主の信用力に問題がない限り、確実に、残価設定型住宅ローンの貸し出しを行うことができることになります。

貸主は少数でよい　ところで、住宅事業者が部材の調達をする場合、価格もさることながら、細かなニーズや市場動向に柔軟に対応してもらえるよう、仕入れ先との間で安定的な関係を確立することが重要です。残価設定型住宅ローンを取り扱うにあたっては、ＪＴＩにおいて住宅ごとに事前に査定が必要となりますが、その情報は金融機関とも共有することになりますから、しっかりとした信頼関係が必要となります。このため、金融機関側においては、住宅事業者とＪＴＩとの窓口機能を果たす本部的な部署を設けて、一種の「法人営業」として集中して取り扱うことが自然です。また、住宅事業者の側も、いったんそういう関係が築かれて、きめ細かなニーズ対応が進めば、単に取扱金融機関の数を増やしてレート競争をさせるということにはなりにくくなると考えられます。

物に貸すローン　これまでの住宅ローンは、少なくとも新築の住宅に関する限り、借入人の信用力に依拠した「人に貸すローン」でした。もちろん、土地・建物を担保にはとりますが、借入額は基本的に取得価格を基準に決まり、個々の建物の価値や耐用年数によって借入額や金利条件等が変わることはありません。

本来、銀行は担保住宅の価値をしっかり吟味するので、買主からすれば「銀行が融資を決めたのだからこの家は問題ないはずだ」と考えてよいはずです。

しかし、実際には銀行員が審査の過程で担保物件となる家を現地で確認することはまずありません。すでにみたように認定長期優良住宅の資産価値はそうでない住宅より明らかに勝りますが、そのことが民間金融機関において融資審査において勘案されることは基本的にないのです。ましてや「良い家なので借主の信用力に懸念はあるが貸してよい」と銀行が判断することはないと言い切ってよいでしょう。

実は、国土交通省住宅局の所管で、本来そうした取り扱いをしてもよさそうな住宅金融支援機構も、融資審査に関するかぎり銀行と同じです。

これに対して、残価設定型住宅ローンは、まず残価保証を受けられる家でないと取り扱うことができません。さらに、当初ローンは従来と同じ「人に貸すローン」ですが、残価設定月以降は、住宅の価値にかかわらず買取オプションを行使すればローン債務から解放されるノンリコースローン、つまり「物に貸すローン」となります。しかし、少なくとも住宅ローンに関する限り銀行内にノンリコース型の融資を行うためのノウハウはないといってよいと思います。

残価設定型住宅ローンを支える残価保証の機能を住宅金融支援機構や銀行から切り離してＪＴＩで扱うことにした最大の理由は、ここにあります。これによって、銀行は「自ら残価保証を行う仕組みをつくる」のではなく、「ＪＴＩのつくった仕組みが問題ないか審査する」ことで残価設定型住宅ローンを取り扱うことができるようになるわけです。

案外大きな内部の抵抗勢力　このように、残価設定型住宅ローンは、単に新しい住宅ローンというだけでなく、これを取り扱うために新たなビジネスモデルを採用せねばならないというやっかいな代物です。このため、導入にあたっては、金融機関内部の「固定観念」や「抵抗勢力」との闘いが予想以上に大きいのです。実際、開発の初期段階で共同開発を呼びかけた金融機関はことごとく無反応か、途中で降りてしまわれたことはすでに述べた通りです(column 13)。

The Bank of Choice　当面、残価設定型住宅ローンを借りられる家は限定されていますし、そういう家であっても、すべての顧客が残価設定型住宅ローンを借りるわけではありませんから、これからも従来型のビジネスモデルが主流であり続けることは間違いないところです。ただ、前節で述べたように現在の住宅ローンビジネスにはさまざまな問題がありますし、住宅事業者からすれば、「良い物をつくれば良いローンが借りられる」ということは、むしろ自然なことですので、新しいビジネスモデルに積極的に取り組む銀行が、借主・住宅事業者の双方にとって“the bank of choice”となる可能性は高いと思います。

3　残価設定型住宅ローンで住宅ビジネスが変わる

残価設定型住宅ローンは、住宅ローンビジネスだけでなく、住宅ビジネスも変える可能性があります。

(1) ハードからソフトへ

「良い家」にソフトの要素が加わる　前節でみたように、残価設定型住宅ローンは、家を買うための「借金」というよりは、「住宅の付加価値を高める部材」といってよいものです。

一般に「家」というと、構造・躯体・設備・内装といったハードにばかり目が行きがちですが、実際に「家」、すなわち「住まい」を確保するためには、ハード以外に、これを所有するのか、賃貸するのか、買うとして資金をどうするのかといったソフトの要素が重要です。自動車でいえば、新車をただ「買ってください」としかいえない会社と、同じ車でも、買い切り、残クレで期間所有、リースで借りる、サブスクで好きなときだけ乗る、といった多様なソフトを提供できる会社とでは、競争力に差が生じる……もっといえば、最近の消費者は、そういう「車に乗るスタイル」も含めて「自動車」という商品を捉えているということです。

家の「ソフト」は人生の変化や返済不安への対応

ただし、家は、生きていくために欠かせないものであり、ソフトを考えるにあたっても、人生の変化や将来の返済不安に対応できるかという保障（security）の側面を重視する必要があることはこれまで説明してきたとおりです。この結果、「残価設定型住宅ローンを借りられる家であること」は、他社の家にない差別化の要素になり得ます。

営業スタイルが変わる

そうなってくると、住宅を販売するにあたっては、従来のように、家の商談が決まってから、他のローンと横並びで残価設定型住宅ローンを一つの選択肢として提供するだけではもったいないということになります。むしろ、商談の最初から、自社の家はＪＴＩが残価保証を承認した資産性の高い家なので、他の住宅ローンとはひと味もふた味も違う残価設定型住宅ローンが借りられるということを、家そのものの特長と同時にアピールすることで、残価設定型住宅ローンが借りられない他社の住宅と差別化をするべきです。

「もうすぐ金利が上がるかもしれないので、金利が安い今が買いどきです」という、変動金利建てローンを前提にすると必ずしも正確とはいえないトーク（本章1⑵）ではなく、「定年後に続く返済を大幅に圧縮したり、お客さまの人生の変化に対して柔軟に対応したりすることができる資金プランが組める家です」というトークで差別化をすることができるわけです。

住宅展示場に行くと、それぞれのメーカーや工務店の営業担当者が自社の家の特長や性能を詳しく説明してくれます。しかし、率直なところ、それらを横比較してどれが優れているか判断することは素人には困難です。結局、「この人に任せたい」と思える営業担当者かどうか、というような家そのものとは関係ないところで、どこから買うか、どこに建ててもらうかを決めたという人が少なくないと思います。こうしたなかで、残価設定型住宅ローンが借りられるかどうかは「目に見える差」として顧客にアピールする可能性があります。

⑵ 2つの住宅循環と住宅ビジネスモデルの構造転換

住宅ローンビジネスの場合と同様、残価設定型住宅ローンは、住宅事業者のビジネスモデルにも影響を与えます。ここでは、これを、①１００年住宅を世代循環させるビジネスモデル、②住まいをライフステージごとに循環させるビジネスモデル、という次元の異なる２つの住宅循環からとらえてみたいと思います。

(3) １００年住宅を世代循環させるビジネスモデル

循環型ビジネスモデル　すでにみたように、長期優良住宅とは、「30歳で買って１３０歳まで住める家」ではなく、「四世代にわたって住み継いでいくことができる住宅」です。そして、これを実現するには、ハードだけではなく、「20年ごとにインフィルを再生するソフトの仕組み」が必要です。残価設定型住宅ローンはこの仕組みとしての意味を持ちます（第3章5の図表19）。ただ、これを実現するには、長期優良住宅をつくる住宅事業者の側が、これまでの新築偏重のビジネスモデルから、循環型のビジネスモデルに転換する必要があります。

循環型のビジネスモデルとは、施工した新築住宅に入った家族の状況を定期的にモニタリングし、住生活に変化が生じたときは、次のステージにおける住まいを提供すると同時に、それまで住んできた家を引き取って大規模にリフォームして、次の世代に「準新築」住宅として循環させていくというものです。前述のように、大手住宅メーカーはこの観点から自社物件についてスムストック査定を導入するとともに、買取再販事業を強化しています（column 27）。

実は、これまではそういうことをすると新築が売れなくなるといって、消極的な態度をとる企業が多かったのです。しかし、日本の人口が減少に向かう一方で、地球環境問題は深刻さを増しており、これまでの「潰してはつくるビジネスモデル」（図表31）を続けることにはすでに無理が生じています。

この結果、新築市場は確実に縮小していきますから、一つの住宅から獲得可能な世代ごとの再生リフォームニーズを確実に取り込んで、1戸当たりの生涯収益を増大することで、「ストックを収益に変える」ことが必須となります。逆に、これを怠れば、自社が施工した住宅に関するビジネス機会を他社にいたずらに提供することになりかねません。

顧客のリターン率の低さ　この場合に、障害となるのが、顧客のリターン率の低さです。家族で住む期間が終わって、家を売ったり貸したりといったことを考える場合に、近くの不動産屋に相談したり、住み替え先で世話になる事業者に併せて頼んだりする人が多く、もともとその家をつくった会社に相談する割合（リターン率）はあまり高くないのです。

しかし、住宅循環型のビジネスモデルを実現するには、家を買った顧客が次の住生活イベントにおいて確実に自分たちのところに戻ってくる仕組みが必要です。残価設定型住宅ローンを借りた顧客は、オプションを維持するために定期点検を確実に行いますし、収入の変化や住み替えといった節目においては、オプション行使のためにＪＴＩにコンタクトしてきます。ＪＴＩは、その際、施工元である住宅事業者に接触して、点検履歴や買い取りの可否等を確認しますので、従来に比べてリターン率を大幅に改善することが期待できます。

買取再販や再生リフォームへの取り組み　ただ、仮に、顧客が節目で戻ってきたとしても、これに応えられるビジネスラインがなければ住宅を世代循環させることはできません。このため、現時点では、ＪＴＩは残価設定型住宅ローンの導入にあたり、買取再販ビジネスへの取り組みや、ＪＴＩが借り上げた場合の、再生リフォームでの連携といった点を検討して、住宅の世代循環に戦略的に取り組んでいる企業の住宅のみを対象としています。

今後、この仕組みを中堅・中小事業者に展開するにあたっては、自社だけでなく、住宅循環に取り組む事業者のネットワークを構築していくことが期待されます。

⑷住まいをライフステージごとに循環させるビジネスモデル

前節では、住宅を複数の世代で循環させていくビジネスモデルについて考えました。これとは別に、人生１００年時代においては、同じ世帯が、複数の異なる「住まい」に住み替えるという、もう一つの循環が当たり前になります。

住宅すごろくから住み替えすごろくへ　昔、人生の階段を昇っていく過程で、借家に始まって分譲マンション、郊外一戸建て持ち家で終わる「住宅すごろく」というものがありました。しかし、人生１００年時代のすごろくはそんなところで終わりません。

図表55は、住宅すごろくを「上がった」はずの、持ち家を取得してから起こることを「住み替えすごろく」として整理してみたものです。これをみると、現役時代をすぎてからも、高齢者施設や病院で迎える終末期以前に、少なくとも3つ「住宅ビジネス」につながる住み替えの契機があります。

①老後を見据えて定年前に独立・転職してあらたな人生に踏み出すライフチェンジ住み替え

②引退を機に80歳ぐらいまで20年程度は続く元気な時期（アクティブシニア期）を遠郊外や田

図表55｜住み替えすごろく

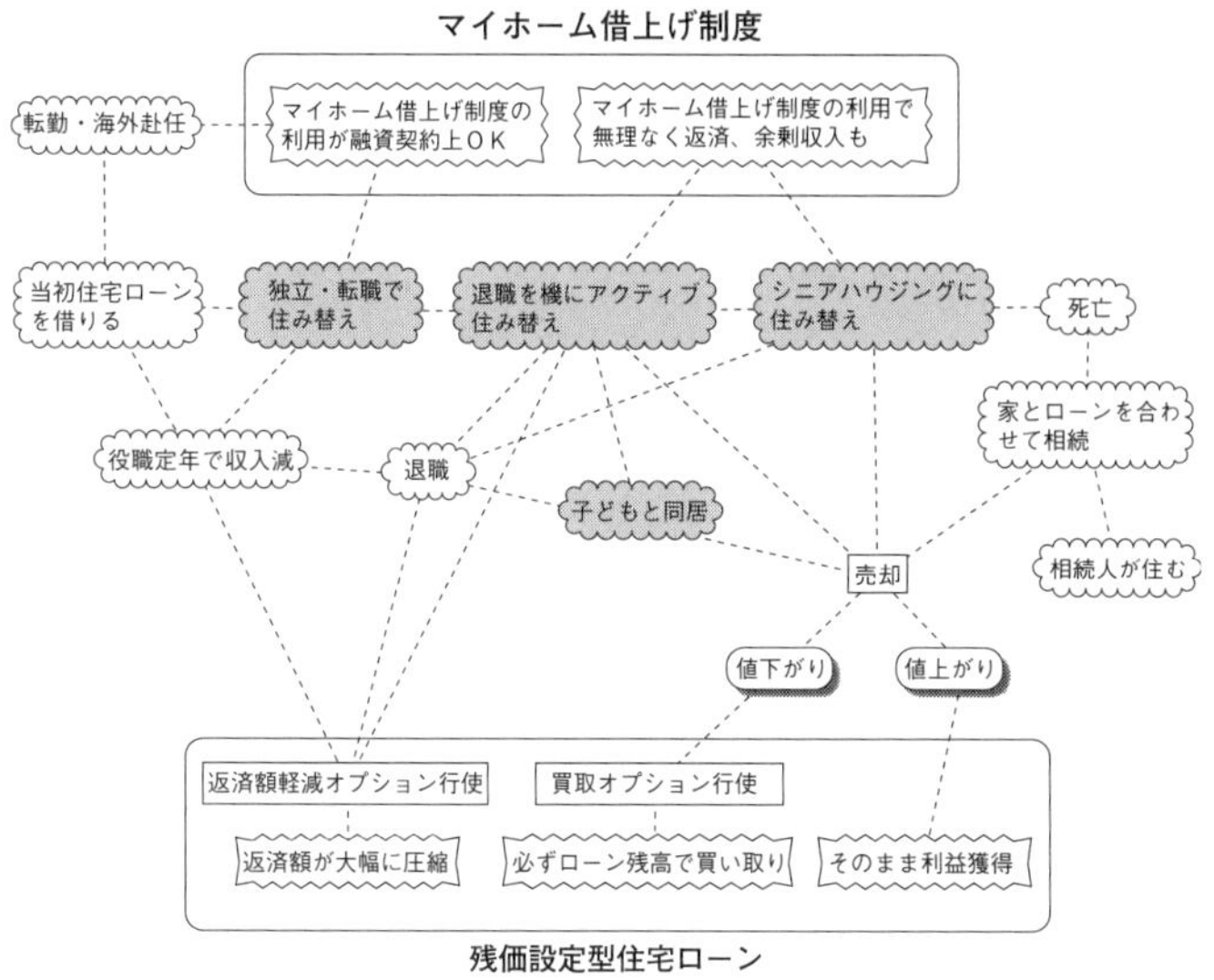

舎の平屋、ログハウス等で過ごすアクティブ住み替え

③見守りや支援・介護が必要になってからの10年程度を過ごすシニアハウジングへの住み替え、あるいは、子どもと同居をするための二世帯等住宅への改築

動かなかった団塊の世代　団塊の世代が引退時期を迎えた２０００年代初頭には、②が強調されました。筆者がＪＴＩを設立してマイホーム借上げ制度を始めたのも、②で必要なくなったマイホームの活用ニーズが増加すると見込んだからです。

しかし、この世代は意外なまでにそうした動きを起こしませんでした。住宅事業者も新築市場が依然として活況であったために、住宅展示場やネット経由でファミリー住宅を売ったり、地主の相続対策需要を取り込んで集合住宅をつくったり、というそれまでのビジネスモデルを大きく変えてこの層の需要を取り込もうとはしなかったのです。

必然性の強いライフステージ住み替え　それから約20年、人生１００年時代という言葉が定着する一方、大企業にあっても終身雇用が保障されなくなった今、住み替えに伴う住宅ビジネスは確実に広がりをみせています。

　イノベーションを最初に経済学の立場から解き明かした経済学者シュンペーターは、イノベーションは顧客のニーズを事業者がくみ取ることによってではなく、事業者が新たなニーズを顧客に気づかせ、教え込むことによって起こるという趣旨の指摘をしています。こんどこそ、住宅事業者が主体的に動いて、ライフステージにおける住宅循環をビジネスとして育てることができれば、住宅市場が一気に拡大する可能性が高いのです。

　しかし、先に挙げた①～③の動きをビジネスとして取り込もうとすると、多くの住宅事業者が2つの困難に直面します。

　第一に、これまで新築家族住宅を主体にしてきた結果、営業チャネルも住宅展示場やネットが主体で、住み替えの需要を的確に取り込む営業チャネルが弱いという問題があります。また、顧客を、住み替える前の営業拠点で把握していると、住み替え先の家の話を確実に自社に相談してもらえるとは限りません。結果的に、地場の事業者で住み替え先やリフォームの話を進めてしまう可能性も高いのです。

第二に、期間35年の住宅ローンがあたり前になったことにより、住み替えのニーズが発生した時点でまだ前の家の住宅ローンが続いている可能性があります。特に40年、50年といった超長期のローンを借りている場合、③のニーズにすら影響が出ます。

残価設定型住宅ローンはライフステージ住み替えにも効く　これに対し、残価設定型住宅ローンを利用してもらえば、前節で述べたように住み替えのニーズが発生したところで、①マイホーム借上げ制度の利用を、さらに、残価設定月以降なら、②返済額軽減オプションの利用、③買取オプションの利用等を検討する可能性が高いことから、最初の問題には、新たなチャネルを設けないでも対応が可能です。残価設定型住宅ローンは、単独の事業者が、顧客にライフステージに合わせて「住まい」を順次提供していく、ワンストップショッピングを可能にする工夫として機能するわけです。

また、第二のローン残債の問題は、もはや説明するまでもなく、残価設定型住宅ローンが提供する買取オプションや返済額軽減オプションが直接の回答となります。住み替えにあたり、もし戻る予定がないなら、買取オプションを行使して家を手放してもよいですし、戻るつもり、あるいは、子どもに相続させたいといった場合には、返済額軽減オプションを行使したうえで、マイホーム借上げ制度を利用することによって、前のローンは元の家からの収入で返済してもまだおつりがくる可能性が高いことはすでに説明しました（第6章2⑵）。

このように、残価設定型住宅ローンは、単にライフチェンジに対応した新しい住宅ローンというだけでなく、住宅ビジネスのあり方を変えるための枠組み（enabler）となりえるのです。

あとがきに代えて

(1) 共益モデル――JTIの役割

残価設定型住宅ローンについて、この時点で筆者が説明できることはほぼすべて説明しました。これだけの情報があれば、同じものを開発することはそんなに難しくないはずですし、たぶん、これを下敷きにもっと良い仕組みもつくれると思います。ただ、タネが分かったから誰でも手品ができるわけではないのと同じように、実際に基礎となるデータの収集から始めて実務システムの構築までをやりあげるには、相応に専門性の高い人材が、かなりの時間と労力、コストをかけて取り組む必要があります。

また、もともとそんなに収益性の高くない住宅ローンにオプションをつけて残価設定型住宅ローンにするにあたっては、そのためのコストをギリギリまで圧縮する必要がある一方で、日本全国を対象にした大きなリスクポートフォリオを構築して可能な限りリスク分散を図らねばなりません。

このため、できるだけ数多くの事業者が参加して「やりたくないところは皆で共同して原価ギリギリでやってもらい、残りの部分で競争する」という、共益モデルを採用することに高い合理性があります（第5章4(3)）。そうした考えから、ＪＴＩの設立にあたっては、あえて営利を追求する株式会社ではなく非営利の社団法人を設立し、国の支援も得ながら開発したものですので、ぜひ数多くの住宅事業者や金融機関が活用してくだされればと思います。

(2) 公的関与の可能性――さらなる広がりのために

ただし、この仕組みを、スムストック査定を採用している大手住宅メーカーの外に広げていくには、乗り越えるべきいくつかのハードルがあります（column 12）。なかでも、収益還元価値という時間をかけて実現せねばならない価値を保証するには、家の維持管理が確実になされる仕組みを確保することが必須です。

しかし、認定長期優良住宅の制度を定める長期優良住宅の普及の促進に関する法律は、維持管理計画の実施を所有者の義務と位置づけるだけで、それを制度的に支援する仕組みを設けているわけではありません。

たとえば、通常は、点検等は住宅を建築した事業者がアフターサービスとして実施しますので、所有者がそれを法律上の義務とは感じていない可能性が高いと思います。しかし、認定の際に提出した維持管理計画を実施していないと、最悪の場合、認定が取り消されますので、残価設定型住宅ローンを借り入れている場合には、オプションの行使ができなくなってしまいます。さらに、維持管理計画はとりあえず30年間定めればよいことになっていますので、計画期間が切れたときには変更申請をしないと認定が取り消されてしまいます。

ところで、マイホーム借上げ制度では築後20年から30年程度の住宅を借り上げることが多いのですが、借り上げにあたって住宅の図面等を確認しようとすると、施工をした事業者が廃業したり、倒産したりしているために確認に苦労することが少なくありません。

残価設定型住宅ローンを借りた住宅については、こうした場合に所有者が図面等を、新たに維持管理を引き受ける事業者に引き継いで、維持管理を続ける必要があるのですが、率直なところ素人の所有者にそれを求めるのは酷ですし、そもそもそういう状況に施工事業者がなっていることも、すぐには分からないことが多いと思います。

残価保証を行っているＪＴＩが所有者に代わってそうした場合の対応ができればよいのですが、そうしたサービスを一般的に提供することはＪＴＩの能力と業務範囲を超えます。

もし、維持管理の義務者が誰かという問題とは別に、建築にあたった施工事業者がある程度標準化された方法で点検・維持管理を実施し、それを公的な主体がモニタリングをし、万が一、維持管理にあたる事業者がこれを続けられない状態になったときは、別の事業者に図面や維持管理計画の内容、点検・修繕履歴等を引き継ぐサポートをするといった、公的なフォローの仕組みがあれば、残価設定型住宅ローンを提供できる住宅の幅も一気に拡大します。そして、残価設定型住宅ローンが普及すれば、維持管理がオプション行使の前提となるため、維持管理がより確実になされるようになるという効果も期待できます。

たとえば、図面や点検記録等を登録するクラウドサーバーを設けて、ここに定期的に情報をアップロードできる窓口をネットサービスとして立ち上げ、一般向けの汎用サービスのほか、個々の民間事業者も自社のサービスからＡＰＩ経由で接続できるようにします。そのうえで、サーバー側で維持管理計画にもとづく点検や計画期間の期日管理を行い、メール等で事業者と所有者の両方に通知し、情報の更新が一定期間なされないときには、自治体等を通じて状況を確認するといった仕組みが考えられます。

これなら、運営そのものは小規模な組織があれば十分ですし、最近の技術を使えば、システムの構築に大してお金はかかりません。すでに、住宅履歴を管理・保全する仕組みが普及していますので、それと有機的に統合していくことも考えられます。

すべての長期優良住宅を対象とした公的仕組みの構築が難しいとしても、ＪＴＩのメンバーである住宅事業者団体等の力を借りれば、加盟事業者を対象に自分たちでそういう仕組みをつくることはそれほど困難ではないと思います。

現時点で、残価設定型住宅ローンを一部の大手メーカーからより広い事業者層に普及させていくにあたって大きな障害となるのは、この点だけといってよいと思いますので、引き続き、ＪＴＩとして制度拡充に取り組んでいくつもりです。

(3)次の夢――津波で流される住宅ローン

冒頭に述べた個人向けに先端の金融技術を適用するという筆者の目標は、残価設定型住宅ローンが一応の完成をみたことで半分達成されました。しかし、まだ実現できていないもう一つの目標があります。それは、１９９５年の阪神淡路、２０１１年の東日本という２つの大震災でともに大きな問題となった、被災で家を失ったのに住宅ローンだけが残ってしまい、被災者の生活再建の大きな足かせとなるという二重債務問題を先端の金融技術で解決することです。簡単にいえば、「津波で家が流されたらローンも一緒に流される」という仕組みです。

　地震保険が間接的にその役割を果たしてはいるのですが、それだけでは、過去の大震災における二重債務問題を解決するのに十分ではありませんでした。とはいえ、公的資金で被災者の住宅ローンのめんどうまでみることには理解が得られないでしょう。こうしてみると、万が一に備えた自助努力の仕組みは多いに越したことはありません。伝統的な保険とは異なる金融技術でこれを解決することができないか。これが筆者に残された最後のライフワークです。

　筆者が専門とするストラクチャードファイナンスと呼ばれる金融技術を使うと理論的に十分可能であることはわかっているのですが、これを制度として実現するために越えなければならないハードルは、かなり大きなものです。ただし、残価設定型住宅ローンで構築した住宅の残価買取という枠組みを応用すると、これまで考えていたよりは多少容易に実現できるのではないかと考え始めています。

　残価設定型住宅ローンでも理論から商用化までに15年かかったことを考えますと、これを書いている時点で63歳の筆者が仕上げるまで現役を続けられるか、恐らく時間との競争ですが、もし夢を果たすことができれば、次の本でその種明かしができればと思います。

＊＊＊

残価設定型住宅ローンを仕上げるにあたり、一番辛かった時期に、長女・長男・次女夫婦が陰に日向に支えてくれました。小規模な非営利法人に新しい業務の開発を担う職員を雇うだけの余裕はありませんし、理想を追う余り目先の業務がおろそかにもなりがちななか、無理を言い合える家族の助けがなければ、残価設定型住宅ローンが日の目をみることはなかったと思います。その完成にようやく目処が立ったところで、4人とも、それぞれの道を歩み始めました。

私事ながら、彼らに深く感謝して筆をおくこととしたいと思います。

２０２３年３月

大垣 尚司

【著者略歴】

大垣尚司（おおがきひさし）

1959年京都市生まれ、82年東京大学法学部卒業、85年米国コロンビア大学法学修士。日本興業銀行、興銀第一フィナンシャルテクノロジー取締役、アクサ生命保険専務執行役員、日本住宅ローン社長、立命館大学教授を経て、青山学院大学教授・金融技術研究所長。博士（法学）。一般社団法人移住・住みかえ支援機構代表理事、一般社団法人日本モーゲージバンカー協議会会長。主な著書に、『金融と法――企業ファイナンス入門』『ストラクチャードファイナンス入門』『49歳からのお金――住宅・保険をキャッシュに換える』など。

家の買い方、持ち方が変わる!

残価設定型住宅ローン

2023年4月25日　1版1刷

著　者　大垣尚司

発行者　國分　正哉
発　行　株式会社日経BP
日本経済新聞出版
発　売　株式会社日経BPマーケティング
〒105-8308　東京都港区虎ノ門4-3-12
装　丁　竹内雄二
DTP　CAPS
印刷・製本　シナノ印刷

本書籍に関するお問い合わせ、ご連絡は下記にて承ります。
https://nkbp.jp/booksQA

Printed in Japan　ISBN978-4-296-11590-7